全国职业教育“十二五”规划教材
全国高等职业教育财会类规划教材——工学结合项目化系列

U0819943

出纳理论与实务（第2版）

严　瑾　主　编
范广坤　许　静　李姝娟　严　品　彭　莉　副主编

电子工业出版社
Publishing House of Electronics Industry
北京·BEIJING

内容简介

本教材根据各类企事业单位出纳会计岗位的库存现金收支结算业务、银行存款收付结算业务等主要工作任务分项目进行阐述。本教材紧贴高职学生就业岗位能力要求和当前高职学生的学习能力而编写，强调高职学生的实际操作能力和职业综合素质的培养。以高职毕业生从事岗位所需的知识和技能为主线，以工作任务为引领，以仿真原始凭证为载体，以典型业务为案例，着重培养学生的岗位综合职业能力。

本教材可作为高职高专财经类专业学生教材，也可作为企事业单位从事会计工作者的参考资料。

图书在版编目（CIP）数据

出纳理论与实务 / 严瑾主编 .—2版 .—北京：电子工业出版社，2016.1

全国高等职业教育财会类规划教材 . 工学结合项目化系列

ISBN 978-7-121-27073-4

Ⅰ. ①出… Ⅱ. ①严… Ⅲ. ①出纳－会计实务－高等职业教育－教材 Ⅳ. ① F233

中国版本图书馆 CIP数据核字（2015）第 206403号

策划编辑：贾瑞敏

责任编辑：胡辛征

特约编辑：田学清　赵海军

印　　刷：三河市华成印务有限公司

装　　订：三河市华成印务有限公司

出版发行：电子工业出版社

北京市海淀区万寿路173信箱　　邮编：100036

开　　本：787×1092　1/16　印张：12.5　字数：320千字

版　　次：2011年8月第1版

2016年1月第2版

印　　次：2016年1月第1次印刷

印　　数：3000册　　定价：27.50元

凡所购买电子工业出版社图书有缺损问题，请向购买书店调换。若书店售缺，请与本社发行部联系，联系及邮购电话：(010) 88254888。

质量投诉请发邮件至zlts@phei.com.cn，盗版侵权举报请发邮件至dbqq@phei.com.cn。

服务热线：(010) 88258888。

前　言

我国的高等教育规模已经是世界之最，已进入高等教育大众化教育阶段。高职高专院校要积极构建与生产劳动和社会实践相结合的实习模式，把工学结合作为高等职业教育人才培养模式改革的重要切入点，带动专业调整与建设，引导课程设置、教学内容和教学方法改革。

出纳工作是单位经济工作和会计核算的前哨阵地，是控制单位每笔交易业务的第一道关口；出纳人员是各单位的管家，是处理每一笔交易业务的重要关卡，提升出纳人员的理论知识和职业素质，提高出纳工作的质量和水平，是广大财会人员密切关注的问题，也是单位领导和社会各界普遍关心的问题。我们在原 2011 版教材的基础上，根据各校教师使用的建议，再次组织企业、银行有关人员和会计专业骨干教师，共同修订完成了《出纳理论与实务》（第 2 版）教材。

本教材修订特色：

1. 对接真实企业岗位要求，突出职业能力培养。本教材针对企业出纳岗位职业能力要求，理论以必需、够用为度，突出应用性、技能性，以真实企业为蓝本设计仿真企业及其业务案例来组织教材内容体系，真实地再现出纳业务办理的基本过程，理实一体，强化培养学生出纳业务能力和职业素质养成，满足学生初次就业需要。

2. 一例贯通，融“教、学、做”于一体。本教材设计了从应聘出纳到上岗基本技能训练、日常业务办理、期末结账与编制报表，到年末出纳资料整理归档，以及特殊事项——出纳工作交接办理的前后贯通衔接的案例体系。每个学习任务都设计了任务导入、知识链接、任务实施等环节，并在此基础上进一步总结与提升训练，让学生在“学中做、做中学”获得专业知识与技能。

3. 形式新颖，仿真性强。本教材采用了高度仿真的业务表单，图文并茂，形象生动地呈现了出纳工作情境，对每个任务进行专项总结，设计了岗位综合训练案例，实现了与时间的零距离对接，力求让学生看得懂、愿意学、学得好。

4. 校企融合、校校联合，打造精品教材。本教材编写团队成员来自国家骨干高职院校、具有代表性的企业单位及银行机构，组成了“校企合作”编写团队，使教材既吸收了丰富的出纳课程教学经验，又融入了企业一线会计主管、银行主管的实战经验，使学生在学习中获得真实的业务操作体验。

教材共设五个项目，项目一“出纳岗位认知”主要介绍出纳岗位的基本工作任务、工作流程；出纳人员的素质要求和业务技能要求；常见原始凭证所反映的经济业务类型；出纳账簿的设置和登记。项目二“出纳岗位基本技能”主要训练学生数字书写技能；点钞技能；辨别假币技能；针对出纳业务中较多使用点钞机，本教材增加了多功能点钞机的使用；随着电子支票的出现，还增加了电子支票打印机的使用和支付密码器的使用等新任务。项目三“现金管理与现金结算”主要训练学生现金收付业务；现金送存和提取业务的处理能力。项目四“银行结算业务”主要训练学生对支票、商业汇票、银行汇票、托收承付、委托收款、汇兑和信用卡等业务的处理能力。在第 1 版缺乏一套较综合的业务与技能综合实训的基础上增加了项目五“出纳岗位综合实训”，使学生能够将零散的知识连贯起来，对出纳工作流程有一个全面深入的认识和了解。

本教材由严瑾副教授主编，负责拟订编写思路和编写大纲，并对全书进行统稿；由温州科技职业学院的范广坤老师，湖南工业职业技术学院的许静老师，湖南理工职业技术学院的李姝娟、彭莉老师，湖南安全职业技术学院的严品老师担任副主编；湖南理工职业技术学院的李艳老师、黄芝花老师参加编写。

本教材在编写过程中得到了诸多企业、银行界专业人士的指导和帮助，以及电子工业出版社的大力支持，在此表示衷心的感谢。由于编者水平有限，书中疏漏之处在所难免，敬请各位读者提出宝贵意见，以便今后修改和完善。

编　者

目　　录

项目一

出纳岗位认知

知识目标

1．熟悉出纳岗位的基本工作内容和流程。

2．懂得出纳人员的素质要求和业务技能要求。

3．掌握常见原始凭证所反映的经济业务类型。

4．掌握出纳账簿的设置和登记。

5．掌握银行存款余额调节表的编制方法。

6．了解出纳移交手续的办理内容及程序。

能力目标

1．掌握账务处理程序。

2．能处理出纳业务涉及的各种原始凭证。

3．能正确进行出纳账簿的登记。

4．能准确编制银行存款余额调节表。

任务一　熟悉出纳岗位的基本工作内容和流程

任务导入

湘潭市东风机械股份有限公司的财务部需要招聘一名出纳员，人力资源部经理和财务经理通过对应聘者的几次面试，决定招聘大专毕业生李胜。2015 年 1 月，李胜正式上岗。

财务经理对李胜说："欢迎你到财务部工作，你的工作岗位是出纳员，由我带你一段时间，希望你认真学习，努力工作。你是会计专业毕业的，现在你能告诉我，企业的出纳员应该做些什么工作吗？"

李胜说："我知道一点儿。出纳员主要是管理现金的收付，到银行办理各种手续，我在学校里学过做凭证和登记账簿。"

财务经理说："很好，这是做会计工作最基本的知识和技能，但仅仅会这些是不够的，作为出纳员首先应该熟悉自己的基本岗位任务和工作流程。"

请带领李胜了解出纳岗位的基本工作内容和流程。

知识链接

一、出纳的含义

"出"是指支出、付出，"纳"是指收入。广义而言，出纳是指收入和支出的管理工作，包括出纳工作和出纳人员两层含义。

1. 出纳工作

出纳工作是管理货币资金、有价票据收付的一项工作。具体来说，它是按照有关规章制度办理本单位的现金收付、银行结算和相关账务，保管现金、有价证券、财务印章及有关票据等工作的总称。

2. 出纳人员

出纳人员通常简称出纳，它是指按照有关制度要求，办理本单位的现金收付、银行存款结算及有关账务，并保管库存现金、有价证券、财务印章及有关票据的人员。

二、出纳的工作内容

出纳以企事业单位涉及库存现金和银行存款收付经济业务的会计事项为对象。作为一项重要的会计工作，它具有核算和监督两大职能。核算职能是指对凡是涉及现金和银行存款收付结算的经济业务进行及时处理，发挥出纳的财务管理作用。监督职能是指对单位的现金和银行存款收付业务的合法性、合规性、合理性和有效性进行监督和检查。工作内容具体如下：

（1）保管好库存现金、有价证券及银行存款，使其账面记录和相应的实物保持相符。

（2）保管好已开出、已注销和空白收据、空白发票、空白支票、银行汇票等有关票据。

（3）保管好企业的财务印章及各种银行印鉴卡。

（4）做好备用金的核算，保证备用金的数额在法定范围内。

（5）保证现金收付符合国家的现金管理条例。

（6）正确办理现金收付款业务和银行存款结算业务。

（7）负责到银行办理银行账户的开设及撤销工作。

（8）负责定期到银行收取回执，传递给相关人员进行账务处理，对于遗失的回执及时补办。

（9）负责现金和银行存款日记账的登记工作，做到现金日清日结，银行存款月末与银行对账单进行核对，也可以酌情每日核对收支，确保账簿数字准确、账目清楚。

三、出纳的工作流程

出纳人员每天处理大量的经济业务，协调各方面的经济利益关系，整天与钱打交道，工作琐碎，容易出差错。如何才能提高工作效益，保证工作质量？这就需要制定一个合理有效的工作流程，使得出纳工作有条不紊地进行，满足财务管理的需要。出纳工作流程是指出纳人员在办理收付款业务时规定的业务处理程序。

1. 资金收入的处理

（1）清楚收入的来源和金额。出纳人员在收到一笔资金前，应当清楚地知道收到多少钱，收谁的钱，为什么收钱，再按不同的情况处理。

① 确定收款金额。如为现金收入，应考虑库存现金的限额。

② 明确付款人。出纳人员应明确付款人的全称和有关情况，对于收到的背书支票或其他代付款的情况，应由经办人加以注明。

③ 收到货币资金的原因。出纳人员应当根据有关销售合同确定收款额是当期实现收入还是收回以前的欠款，分别进行处理，保证账证相符。

④ 代收款项。代收的职工水电费、保险费、房租等代收款项应及时核算，及时交付。

（2）清点收入。出纳员在清楚收入的金额和来源后，进行清点核对，清点应沉着冷静，不要图快。

在清点收入的现金时，应当面清点，若在清点过程中发现现金短缺、假钞等特殊问题，应交由经办人处理。

将收入存入银行时，出纳人员应与银行进行核对，填制进账单，交由银行盖章后（或取得收款通知），确认收入实现，进行账务处理。电话通知或电话查询只能作为参考，不能作为收款的依据。

（3）收入的退回。因特殊原因导致收入退回的，如支票印鉴不清，单位账号错误等，出纳人员应及时通知经办人员或对方，重新办理收款业务。

2. 资金支出的处理

（1）明确资金支出的金额和原因。出纳员支出每一笔资金的时候，一定要知道准确的金额，合理安排资金。

首先，明确收款人。出纳员必须严格按照合同发票或有关依据记载的收款人进行付款，对代收款的应出具原收款人的证明材料，并与原收款人核实后，方可办理付款手续。

其次，明确付款的用途。对于不合法不合理的付款应坚决抵制，并及时汇报。用途不明的应拒绝办理。

（2）检查付款审批手续。经办人员填制付款单证，注明用途，在单据上签名盖章，并对付款事项的真实性和准确性负责；出纳员在付款时还应检查付款的审批手续是否齐全。不同单位，审批手续不一定相同，但都应有财务负责人、单位负责人的签字盖章。

（3）办理付款。出纳员在严格检查付款金额和用途、付款手续后方可付款。对于那些不够银行结算起点的小额款项、个人支付款项，在支付现金后必须在凭证上盖上“现金付讫”的戳记。超过结算起点的款项，必须通过银行结算，不得使用现金支付。

任务实施

财务主管王红让李胜在工作中不断学习和实践，了解出纳员的工作内容与流程。

任务二　保险柜管理及出纳人员综合素质要求

子任务一　保险柜管理

任务导入

以下为湘潭市东风机械股份有限公司现金保管办法：

（1）现金保管的责任人为出纳员。担任出纳的人员必须具备诚信可靠、责任心强、业务熟练、工作主动等政治与业务素质。

（2）现金的保管要有相应的保管措施，保险柜应存放在坚固实用、防潮防水、通风较好的房间。

（3）保险柜钥匙由出纳员保管，如工作需要可交由其他人保管。

（4）出纳员工作变动时，应更换保险柜密码，保险柜钥匙、密码丢失或发生故障，经会计同意后找人修理或修配钥匙。

（5）库存现金应存放整齐，保持清洁，如因潮湿、虫蛀等问题发生损失的，由出纳与会计人员共同负责。

（6）现金以外的物品，一律不得存放在保险柜内。

请分析湘潭市东风机械股份有限公司的现金保管办法存在哪些问题，应当如何改进。

知识链接

保险柜的配备与使用

各单位都应配备专用保险柜，专门存放现金、各种有价证券、银行票据、印章及其他出纳票据。一般来说，保险柜的使用应注意以下几点。

1. 保险柜的管理人员

保险柜一般由总会计师或财务处（科、股）长授权，由出纳员负责管理使用。

2. 保险柜钥匙的配备

保险柜要配备两把钥匙，一把由出纳员保管，供出纳员日常工作开启使用；另一把交由保卫部门封存，或由单位总会计师或财务处（科、股）长负责保管，以备特殊情况下经有关领导批准后开启使用。出纳员不能将保险柜钥匙交由他人代为保管。

3. 保险柜的开启

保险柜只能由出纳员开启使用，非出纳员不得开启保险柜。如果单位总会计师或财务处（科、股）长需要对出纳员工作进行检查，如检查库存现金限额、核对实际库存现金数额，或者有其他特殊情况需要开启保险柜的，应按规定的程序由总会计师或财务处（科、股）长开启，在一般情况下不得任意开启由出纳员掌管使用的保险柜。

4. 财物的保管

每日终了后，出纳员应将其使用的空白支票（包括现金支票和转账支票）、银行收据、印章等放入保险柜内。保险柜内存放的现金应设置和登记现金日记账，其他有价证券、存折、票据等应按种类造册登记，贵重物品应按种类设置备查簿登记其质量、重量、金额等，所有财物应与账簿记录核对相符。按规定，保险柜内不得存放私人财物。

5. 保险柜密码的保管

出纳员应对自己保管使用的保险柜密码严格保密，不得向他人泄露，以防为他人利用。出纳员调动岗位，新出纳员应更换使用新的密码。

6. 保险柜的维护

保险柜应放置在隐蔽、干燥之处，注意通风、防湿、防潮、防虫和防鼠；保险柜外要经常擦干净，保险柜内财物应保持整洁卫生、存放整齐。一旦保险柜发生故障，应到公安机关指定的维修点进行修理，以防泄密或失盗。

7. 保险柜被盗的处理

出纳员发现保险柜被盗后应保护好现场，迅速报告公安机关（或保卫部门），待公安机关勘查现场时才能清理财物被盗情况。节假日满两天以上或出纳员离开两天以上没有派人代其工作的，应在保险柜锁孔处贴上封条，出纳员到位工作时揭封。如发现封条被撕掉或锁孔处被弄坏，也应迅速向公安机关（或保卫部门）报告，以便公安机关（或保卫部门）及时查清情况，防止不法分子进一步作案。

任务实施

湘潭市东风机械股份有限公司的现金保管办法条款中需要调整增加的内容如下：

（1）保险柜存放的房间应有铁栏杆、防盗门。

（2）保险柜钥匙必须由出纳员保管，不得交由其他人保管，并应随时转动密码器。

（3）保险柜钥匙、密码丢失或发生故障，应立即报请领导批准，不得随意找人修理或修配钥匙。

（4）库存现金发生损失，应由出纳员负责。

（5）如有有价证券、增值税专用发票等物品需要存放在保险柜内的，必须要办理保管交接手续。

（6）应增加“出纳员到银行存取现金，必须有保安员护送，并安排专车接送”条款。

子任务二　出纳人员综合素质要求

任务导入

财务经理说：“李胜，现在你对出纳岗位的工作有了基本的了解，但出纳是一项专业性很强的工作，对出纳人员的素质和业务技能有着较高的要求。”

李胜说："我知道一些，出纳员管理着企业的资金，因此要求出纳人员思想素质高，工作严谨。"

请带领李胜了解出纳岗位对出纳人员的综合素质要求。

知识链接

出纳工作是一项特殊的、专业性很强的工作，要求出纳人员具备以下素质。

一、政策水平

没有规矩，不成方圆。出纳工作涉及的"规矩"很多，如《会计法》、《现金管理条例》、《支付结算办法》、《会计基础工作规范》，成本管理条例及费用报销额度，税收管理制度及发票管理办法，本单位自己的财务管理规定，等等。如果不熟悉、不掌握这些法规、制度，是绝对做不好出纳工作的。所以，要做好出纳工作的第一件大事就是学习、了解、掌握财经法规和制度，提高自己的政策水平。出纳人员只要刻苦掌握政策法规和制度，明白自己哪些该干，哪些不该干，哪些该抵制，工作起来就会得心应手，就不会犯错误。

二、业务技能

"台上一分钟，台下十年功。"这对出纳工作来说是十分适用的。出纳工作需要很强的操作技巧。打算盘、用计算机、填票据、点钞票等，都需要深厚的基本功。作为专职出纳人员，不但要具备处理一般会计事务的财会专业基本知识，还要具备较高的处理出纳事务的出纳专业知识水平和较强的数字运算能力。出纳的数字运算往往在结算过程中进行，要按计算结果当场开出票据或收付现金，速度要快，又不能出错。这和事后的账目计算有着很大的区别。账目计算错了可以按规定的方法更改，但钱算错了就不一定说得清楚，不一定能"改"得过来了。所以说，出纳人员要有很强的数字运算能力，不管你用计算机、算盘、计算器，还是别的什么运算器，都必须具备较快的速度和非常高的准确度。在快和准的关系上，作为出纳员，要把准确放在第一位，要准中求快。提高出纳业务技术水平关键在手上，打算盘、用计算机、开票据都离不开手。而要提高手的功夫，关键又在勤，勤能生巧，巧自勤来。有了勤，就一定能达到出纳技术操作上的理想境界。另外，还要苦练汉字、阿拉伯数字，提高写作概括能力，使人见其字如见其人，一张书写工整、填写齐全、摘要精练的票据能表现一个出纳员的工作能力。

三、工作作风

要做好出纳工作首先要热爱出纳工作，要有严谨细致的工作作风和职业习惯。作风的培养在成就事业方面至关重要。出纳每天和金钱打交道，稍有不慎就会造成意想不到的损失，出纳员必须养成与出纳职业相符合的工作作风，概括起来就是：精力集中，有条不紊，严谨细致，沉着冷静。精力集中就是工作起来要全身心地投入，不为外界所干扰；有条不紊就是计算器具摆放整齐，钱款票据存放有序，办公环境洁而不乱；严谨细致就是认真仔细，做到收支计算准确无误，手续完备，不发生工作差错；沉着冷静就是在复杂的环境中随机应变，化险为夷。

四、安全意识

现金、有价证券、票据、各种印鉴，既要有内部的保管分工，使大家各负其责，并相互牵制；也要有对外的保安措施，从办公用房的建造，门、屉、柜的锁具配置，到保险柜密码的管理，都要符合保安要求。出纳人员既要密切配合保安部门的工作，更要增强自身的保安意识，学习保安知识，把保护自身分管的公共财产物资的安全完整作为自己的首要任务来完成。

五、道德修养

出纳人员必须具备良好的职业道德修养，要热爱本职工作，敬业、精业；要科学理财，充分发挥资金的使用效益；要遵纪守法，严格监督，并且以身作则；要洁身自好，不贪、不占公家便宜；要实事求是，真实客观地反映经济活动的本来面目；要注意保守机密；要竭力为本单位的中心工作、为单位的总体利益、为全体员工服务。出纳是一项特殊的职业，它整天接触的是大把大把的金钱，成千上万的钞票，真可谓万贯家财手中过。没有良好的职业道德，很难顺利通过“金钱关”。与其他会计人员相比较，出纳人员更应严格地遵守职业道德。

任务实施

财务主管王红让李胜在工作中不断学习和实践，不断提高自己的综合素质。

任务三　熟悉出纳业务相关的账务处理

任务导入

财务经理：“李胜，你知道出纳工作要进行哪些账务处理吗？”

李胜：“我也了解一些，出纳员会接触到支票、汇票等原始凭证，要序时登记日记账。”

财务经理：“对，出纳要接触到一些原始凭证，要根据审核无误的记账凭证逐笔登记现金日记账、银行存款日记账、有价证券明细分类账等，每天要核对现金与现金日记账，要定期编制银行存款余额调节表核对银行存款，还要定期编制出纳报告。”

请带领李胜学习出纳登记的现金日记账、银行存款日记账、银行存款余额调节表、出纳报告单。

知识链接

一、出纳业务账务处理程序

目前我国各企事业单位的账务处理程序常见的有五种，不管采用哪一种，对于出纳人员来说，出纳业务处理的步骤和方法都是基本相同的。其基本程序如下：

（1）根据原始凭证或汇总原始凭证填制收款凭证、付款凭证；对于转账投资有价证券业务，还要根据原始凭证或汇总原始凭证直接登记有价证券明细分类账（债券投资明细分类账、股票投资明细分类账等）。

（2）根据收款凭证、付款凭证逐笔登记现金日记账、银行存款日记账、有价证券明细分类账。

（3）现金日记账的余额与库存现金每天进行核对，与现金总分类账定期进行核对；银行存款日记账与开户银行出具的银行对账单逐笔进行核对，每月至少一次，银行存款日记账的余额与银行存款总分类账定期进行核对；有价证券明细分类账与库存有价证券要定期进行核对。

（4）根据现金日记账、银行存款日记账、有价证券明细分类账、开户银行出具的银行对账单等，定期或不定期编制出纳报告，提供出纳核算信息。

二、出纳业务常见的原始凭证

1. 增值税专用发票

增值税专用发票是增值税一般纳税人在销售货物时开出的原始凭证。增值税专用发票有如下两类。

（1）一式三联。

第一联：绿色抵扣联，是购货单位的扣税凭证，此联最终去向是由购货单位交给税务局进行抵扣。

第二联：黄色发票联，是购货单位的记账凭证，此联最终去向是购货单位作为购买物品的原始凭证入账。

第三联：深蓝色记账联，是销货方的记账凭证，此联最终去向是销货单位作为销售产品的原始凭证入账。

（2）一式四联。

第一联：蓝色存根联，销货方留存备查。

第二联：棕色发票联，购货单位作为付款的记账凭证。

第三联：绿色税款抵扣联，购货方作为扣税凭证。

第四联：黑色记账联，销货方作为销售的记账凭证。

专用发票作为抵扣税款的法定依据，其记载的信息必须真实、准确、全面、合法。因此，必须按下列要求开具：

（1）购销双方的信息必须真实、准确。

（2）不得涂改。如填写有误，应另行开具增值税专用发票，并在误填的增值税专用发票上注明“误填作废”四个字。如增值税专用发票开具后，因购货方不索取而成废票的，也应按填写有误的要求办理。

（3）项目填写齐全。

（4）票、物相符，票面金额与实际收取的金额相符。

（5）各项目内容正确无误。

（6）全部联次一次填开，上、下联的内容和金额一致。

（7）发票联和抵扣联加盖财务专用章或发票专用章。

（8）按照所规定的时限开具专用发票。

（9）不得开具伪造的专用发票。

（10）不得拆本使用专用发票。

（11）不得开具票样与国家税务总局统一制定的票样不相符合的专用发票。

开具的增值税专用发票有不符合上述要求者，不得作为扣税凭证，购买方有权拒收。

另外，国家税务局还规定，纳税人在专用发票抵扣联和发票联的有关栏目中应加盖专用发票销货单位栏戳记（使用蓝色印泥）。专用发票销货单位栏戳记是指按专用发票“销售单位”栏的内容（包括销售单位名称、税务登记号、地址、电话号码、开户银行及账号等）和格式刻制的专用印章，用于加盖在专用发票“销货单位”栏内。纳税人开具专用发票时，不得手工填写“销货单位”栏，凡手工填写“销货单位”栏的，属于未按规定开具专用发票，购货方不得作为扣税凭证。

2. 支票

支票正面分为左右两部分。左边是支票存根，作为减少银行存款的原始凭证；右边是支票票面，提取现金或者转账付款时交银行。

支票在填写时应注意：①时间填写。票面部分用汉字大写时间，存根用小写时间。②付款单位的开户行名称、单位账号。③收款单位名称。④人民币的大写金额、小写金额、人民币小写符号。⑤付款的用途。⑥盖章。应在支票的票面完整地盖上预留银行的印章(出纳私章、法人代表私章、财务专用章)。

收款人和金额如果是授权补记，这两个项目在开票时可以不填，支票背书时应在背面签字盖章。

3. 差旅费报销单

差旅费报销单是单位职工出差，报销差旅费时应填制的原始凭证。

出纳员在收到职工的差旅费报销单时，应该审核费用报销单上所列费用（补助除外）与费用粘贴单上的原始票证是否相符。

4. 借款单

借款单是借款人借款时填制的原始凭证。借款单是否作原始凭证，在会计实务中有两种处理方法：一是在借款人及时报账还款（当月）时不作原始凭证，退还借款单，直接进行费用核算;二是在借款人跨月报账还款时应作原始凭证，报账还款时开出收据，冲销借支。

5. 收款收据

收款收据是企事业单位从财政或税务机关购买，非销售业务收取现金时出纳员应填制的原始凭证。一般是一式三联，分为存根、付款方收据、收款方记账联三联。

已开票的收据存根应在下次购买时交原售票机关验票，如果开票错误，应将一式三联完整保存，不得撕毁。

6. 存款单（缴款单、解款单）

存款单是单位将现金存入银行时填制的原始凭证。

单位将现金存入银行时应填制存款单，一联回单由银行盖章后交存款方作原始凭证，另两联留银行。

7. 进账单

收款单位收到对方单位的银行票据（如转账支票或银行汇票）时，需填写进账单，并连同票据一起到银行办理进账手续。由收款方填制的进账单一般为一式两联，一联交收款银行，另一联由银行盖章的回单作为收款方原始凭证。由付款方填制的进账单为一式三联，分别给收款方、收款方银行、付款方。

8. 入库单（收料单）

入库单是单位购进材料验收入库和产品完工入库时填制的原始凭证。

入库单为一式三联，由仓库在办理入库手续时填制，第一联交财务部门，第二联存根，第三联交业务部门。

9. 委托收款凭证

委托收款凭证是销货方发运商品后委托银行收取货款时填制的原始凭证，是因为单位之间商品交易及由此引发的劳务供应款项在异地间的结算而产生的。

委托收款凭证为一式五联。第一联银行受理回单，第二联贷方凭证，第三联借方凭证，第四联收账通知，第五联付款通知。其中：第一联在银行受理后退回委托方，第四联银行收回托收款后通知企业作收款原始凭证，第五联为付款方的付款通知，第二、三联分别给收、付款银行。

10. 汇兑凭证

汇兑凭证是付款方将款项汇往外地单位时由单位或个人填制的原始凭证。

汇兑根据汇款的方式不同分为信汇和电汇。现在普遍用电汇凭证，电汇凭证为一式四联，第一联付款方的汇出凭证，第二、三联汇入、汇出行凭证，第四联收款方的收款凭证。

三、出纳账簿的启用、登记与更换

1. 出纳账簿的启用

出纳账簿是重要的会计档案。为了确保账簿记录的合法性和完整性，明确记账责任，在启用出纳账簿时，应当在账簿封面上写明单位名称和账簿名称，并在账簿扉页上附启用表，表内详细载明：单位名称、账簿名称、账簿编号、账簿页数、启用日期、记账人员和会计主管人员姓名，并加盖有关人员的签章和单位公章。更换记账人员时，应办理交接手续，在交接记录内填写交接日期和交接人员姓名并签章。出纳账簿属于订本式账簿。启用订本式账簿，应当从第一页到最后一页顺序编定页数，不得跳页、缺号。

2015 年 1 月 1 日，湘潭市东风机械股份有限公司原出纳张小萍进行了一年一度的出纳账簿的更换工作，启用了新的出纳账簿，账簿启用表如表 1-1 所示。

表 1-1

<table>
<tr><th colspan="9">账簿启用及交接表</th></tr>
<tr><td>机构名称</td><td colspan="5">湘潭市东风机械股份有限公司</td><td colspan="3">印鉴</td></tr>
<tr><td>账簿名称</td><td colspan="5">现金日记账（第 1 册）</td><td colspan="3" rowspan="4">湘潭市东风机械股份有限公司
财务专用章</td></tr>
<tr><td>账簿编号</td><td colspan="5">01</td></tr>
<tr><td>账簿页数</td><td colspan="5">本账簿共计 100 页（本账簿页数
检点人盖章 ）</td></tr>
<tr><td>启用日期</td><td colspan="5">公元 2015 年 1 月 1 日</td></tr>
<tr><td rowspan="3">经管人员</td><td colspan="2">负责人</td><td colspan="2">主办会计</td><td colspan="2">复核</td><td colspan="2">记账</td></tr>
<tr><td>姓名</td><td>盖章</td><td>姓名</td><td>盖章</td><td>姓名</td><td>盖章</td><td>姓名</td><td>盖章</td></tr>
<tr><td>王红</td><td>王红</td><td>张小</td><td>张小</td><td>王红</td><td>王红</td><td>李胜</td><td>李胜</td></tr>
</table>

<table>
<tr><td rowspan="6">接交记录</td><td colspan="2">经管人员</td><td colspan="4">接管</td><td colspan="4">交出</td></tr>
<tr><td>职别</td><td>姓名</td><td>年</td><td>月</td><td>日</td><td>盖章</td><td>年</td><td>月</td><td>日</td><td>盖章</td></tr>
<tr><td></td><td></td><td></td><td></td><td></td><td></td><td></td><td></td><td></td><td></td></tr>
<tr><td></td><td></td><td></td><td></td><td></td><td></td><td></td><td></td><td></td><td></td></tr>
<tr><td></td><td></td><td></td><td></td><td></td><td></td><td></td><td></td><td></td><td></td></tr>
<tr><td></td><td></td><td></td><td></td><td></td><td></td><td></td><td></td><td></td><td></td></tr>
<tr><td>备注</td><td colspan="10"></td></tr>
</table>

2. 出纳账簿的登记

出纳人员在进行会计处理过程中应设置账簿，主要有现金日记账、银行存款日记账和备查账等。

（1）现金日记账的登记。

现金日记账是由出纳人员根据与现金收付有关的记账凭证，按时间顺序逐日逐笔进行登记的账簿，它根据“上日余额 + 本日收入 - 本日支出 = 本日余额”公式，逐日结出库存现金余额，与库存现金实存数核对，以检查每日现金收付是否有误。

现金日记账通常是根据审核后的现金收款、付款凭证逐日逐笔按照经济业务发生的顺序进行登记的，为了加强对企业现金的监管，现金日记账采用订本式账簿。现金日记账是用来核算和监督库存现金每天的收入、支出和结存情况的账簿。由出纳人员根据与现金收付有关的记账凭证，如现金收款、现金付款、银行付款（提现业务）凭证，逐日逐笔进行登记，并随时结记余额。做到现金日清日结，保证账实相符。

登记现金日记账时，除了遵循账簿登记的基本要求外，还应注意以下栏目的填写方法。

① 日期。“日期”栏中填入的应为据以登记账簿的会计凭证上的日期，现金日记账一般依据记账凭证登记，因此，此处日期为编制该记账凭证的日期。不能填写原始凭证上记载的发生或完成该经济业务的日期，也不是实际登记该账簿的日期。

② 凭证编号。“凭证编号”栏中应填入据以登记账簿的会计凭证类型及编号。例如，企业采用通用凭证格式，根据记账凭证登记现金日记账时，填入“记 × 号”；企业采用专用凭证格式，根据现金收款凭证登记现金日记账时，填入“收 × 号”。

③ 摘要。“摘要”栏简要说明入账的经济业务的内容，力求简明扼要。

④ 对应科目。“对应科目”栏应填入会计分录中“库存现金”科目的对应科目，用以反映库存现金增减变化的来龙去脉。在填写对应科目时，应注意以下三点：

第一，对应科目只填总账科目，无须填明细科目；

第二，当对应科目有多个时，应填入主要对应科目，如销售产品收到现金，则“库存现金”的对应科目有“主营业务收入”和“应交税费”，此时可在对应科目栏中填入“主营业务收入”，在借方金额栏中填入取得的现金总额，而不能将一笔现金增加业务拆分成两个对应科目金额填入两行；

第三，当对应科目有多个且不能从科目上划分出主次时，可在对应科目栏中填入其中金额较大的科目，并在其后加上“等”字。如用现金 800 元购买零星办公用品，其中 300 元由车间负担，500 元由行政管理部门负担，则在现金日记账“对应科目”栏中填入“管理费用等”，在贷方金额栏中填入支付的现金总额 800 元。无对应科目栏则不需要填写。

⑤ 借方金额、贷方金额。“借方”栏、“贷方”栏应根据相关凭证中记录的“库存现金”科目的借贷方向及金额记入。

⑥ 余额。“余额”栏应根据“本行余额 = 上行余额 + 本行借方 - 本行贷方”公式计算填入。

正常情况下，库存现金不允许出现贷方余额，因此，现金日记账余额栏前未印有借贷方向，其余额方向默认为借方。若在登记现金日记账过程中，由于登账顺序等特殊原因出现了贷方余额，则在余额栏用红字登记，表示贷方余额。现金日记账格式如表 1-2 所示。

表 1-2

现金日记账 第 1 页

2015年 月	日	凭证 种类	凭证 号数	票据号数	摘要	借方（百十万千百十元角分）	贷方（百十万千百十元角分）	余额（百十万千百十元角分）	核对
1	1				上年结转			500000	□
									□
									□
									□
									□
					过次页				□

（2）银行存款日记账的登记。

银行存款日记账应根据不同开户银行分别设置，通常由出纳人员根据审核无误的涉及银行存款收、付的记账凭证按经济业务发生时间的先后顺序，逐日逐笔进行登记。银行存款日记账采用订本式账簿形式，账页采用收入（借方）金额、支出（贷方）金额和结余金额（余额）三栏，其格式与现金日记账基本相同，如表 1-3 所示。

表 1-3

银行存款日记账 第 1 页

开户行：工行湘潭市支行

账 号：3000298222288015698

2015年 月	日	凭证 种类	凭证 号数	摘要	借方（亿千百十万千百十元角分）	贷方（亿千百十万千百十元角分）	余额（亿千百十万千百十元角分）	核对
1	1			上年结转			400000000	□
								□
								□
								□
								□
								□

银行存款日记账用来核算和监督银行存款每日的收入、支出和余额。

① 银行存款日记账应按企业在银行开立的账户和币种分别设置，每个银行账户设置一本日记账。

② 登记银行存款日记账时，除了应遵循账簿登记的基本要求外，还应注意以下栏目的填写方法：

日期栏：是指记账凭证的日期，应与银行存款实际收付日期一致，以提高银行日记账对账工作的效率。

凭证字号栏：参照现金日记账。

对方科目栏：参照现金日记账。

摘要栏：简要说明登记入账的银行存款收付业务的内容，要求文字简单精练，同时能说明业务内容。

收支余金额栏：是指现金实际收、付、余的金额。收到银行存款记“收入金额”栏；付出银行存款记“支出金额”栏；每日终了则在“结余金额”栏结出余额，月终要计算出本月现金收付的金额合计，并在“结余金额”栏结出本月余额，即所谓的“日清月结”。

3. 出纳账簿的更换

每个会计年度开始时，总账、日记账、明细账都必须启用新账簿，出纳日记账必须每年更换一次，并将其年末余额以同方向直接记入新建设的账簿之中，即在新年度的会计账簿中的第一行余额栏内填上上年结转的余额，同时在摘要栏内注明“上年结转”字样。新旧账簿之间进行的余额结转，不需要编制记账凭证。但对于部分变动较小的明细账，可以连续使用，不必每年更换，如固定资产明细账。出纳备查账可根据需要进行更换。

出纳人员记账后，应根据现金日记账、银行存款日记账、有价证券明细账、银行对账单等核算资料，定期编制“出纳报告单”和“银行存款余额调节表”，报告本单位一定时期现金、银行存款、有价证券的收、支、存情况，并与总账会计核对期末余额。

四、银行存款余额调节表的编制

财务主管王红拿出原出纳张小萍的一些凭证、账簿等让李胜学习出纳账务处理，并拿出 2015 年 3 月 1 日收到的 2 月份的银行存款日记账（见表 1-4）和银行对账单（见表 1-5）。要求李胜编制 2 月份银行存款余额调节表（见表 1-6）。

表 1-4

银行存款日记账

第 1 页

2015 年		凭证		摘要	结算凭证		借方	贷方	余额
月	日	字	号		种类	号数			
2	1			上月结转					4238562.15
2	5	付	1	支付差旅费	现支	2015330		1000.00	4237562.15
2	15	付	2	提现发薪	现支	2015331		45000.00	4192562.15
2	20	付	3	办公用品费	转支	004038		320.00	4192242.15
2	25	收	1	存销货款	进账单	00240	11700.00		4203942.15
2	26	收	1	收货款	支票	000315	95000.00		4298942.15
2	27	付	3	借支	支票	2015342		2000.00	4296942.15

表 1-5

中国工商银行湘潭市支行对账单

2015年2月28日

单位：湘潭市东风机械股份有限公司　　　　账号：3000298222288015698

2015年		摘要	凭证号		借方	贷方	余额
月	日		支票	结算凭证			
2	1	上月结转					4238562.15
2	6	现金支票	2015330		1000.00		4237562.15
2	6	现金支票	2015331		45000.00		4192562.15
2	8	转账支票	004038		320.00		4192242.15
2	8	进账单		00240		11700.00	4203942.15
2	11	付税款			1200.00		4202742.15
2	11	付税款			2750.00		4199992.15
2	11	付税款			138.00		4199854.15
2	18	现金支票	2015332		1000.00		4198854.15
2	19	进账单		00479		3000.00	4201854.15
2	20	转账支票	004039		1170.00		4200684.15
2	21	结息单				181.00	4200865.15

表 1-6

银行存款余额调节表

开户银行：中国工商银行湘潭市支行　　账号：3000298222288015698　　2015年 2月28日止

摘要	凭证号	金额（亿千百十万千百十元角分）	摘要	凭证号	金额（亿千百十万千百十元角分）
《银行存款日记账》余额		429694215	《银行对账单》余额		420086515
加:银行已收,企业未收;			加:企业已收,银行未收;		
1	00479	300000	1	收1	9500000
2	结息单	18100	2		
3			3		
4			4		
5			5		
6			6		
7			7		
减:银行已付,企业未付;			减:企业已付,银行未付;		
1	付税款	120000	1	2011342	200000
2	付税款	275000	2		
3	付税款	13800	3		
4	2011332	100000	4		
5	004039	117000	5		
6			6		
7			7		
8			8		
9			9		
10			10		
11			11		
12			12		
调节后余额		429386515	调节后余额		429386515

（1）由于企业和银行入账时间不同，常会导致“银行存款日记账”和“银行对账单”数额暂时不符，因此需要编制银行存款余额调节表。此表只起到对账的作用，不能作为记账的依据。银行存款余额调节表是在银行对账单余额与企业银行存款账面余额的基础上，银行存款日记账余额加上银行已收、企业未收，减去银行已付、企业未付账项；银行对账单余额加上企业已收、银行未收，减去企业已付、银行未付账项，以调整双方余额使其一致的一种调节方法。

（2）银行存款余额调节表的编制方法一般是在双方账面余额的基础上，分别补记对方已记而本方未记账的账项金额，然后验证调节后的双方账目是否相符。

（3）银行对账单调整后余额 = 银行对账单调整前余额 + 企业已收而银行未收账项 – 企业已付而银行未付账项。

企业银行存款日记账调整后余额 = 企业银行存款日记账调整前余额 – 企业已付而银行未付账项 + 企业已收而银行未收账项。

银行对账单存款余额 + 企业已收而银行未收账项 – 企业已付而银行未付账项 = 企业账面存款余额 + 银行已收而企业未收账项 – 银行已付而企业未付账项。

（4）银行存款余额调节表调节之后的存款余额才是真正企业可以动用的存款余额。

（5）银行存款余额调节表只是用来核对企业银行余额与银行对账单是否一致的凭据，不能用来调整账簿记录，要等取得银行回执才能进行账簿调整。

（6）如果调整后双方的余额不相等，则应先查自己的账簿是否登记有误，如果账簿没有错误，则需进一步和银行协商。

五、出纳报告单的编制

（1）出纳报告单的报告期可与本单位总账会计汇总记账的周期一致，如果本单位总账 10 天汇总一次，则出纳报告单 10 天编制一次。

（2）上期结存数是指报告期前一期末结存数，即本期报告期前一天的账面结存金额，也是上一期出纳报告的“本期结存”数字。

（3）本期收入按账面本期合计借方数字填列。

（4）合计是上期结存与本期收入的合计数字。

（5）本期支出按账面本期合计贷方数字填列。

（6）本期结存是指本期账面结存数字。它等于“合计数字”减去“本期支出”数字。本期结存必须与账面实际结存数一致。

任务实施

李胜将 2015 年 2 月的企业银行日记账及银行对账单的发生额一一核对，找出一方入账而另一方未入账的未达账项。

将银行已收、企业未收，银行已付、企业未付的未达账项，调整企业银行存款日记账的账面余额，并计算调整后的金额。

将企业已收、银行未收，企业已付、银行未付的未达账项，调整银行对账单余额，并计算调整后的金额。

任务四　出纳工作交接

任务导入

2015 年 3 月 2 日，由于公司业务需要，原出纳张小萍要调到销售部门工作，与新出纳李胜移交工作。

请李胜与张小萍一起进行工作移交。

知识链接

（1）《会计基础工作规范》第三十五条规定："移交人员对移交的会计凭证、会计账簿、会计报表和其他会计资料的合法性、真实性承担法律责任。"这是对会计工作交接后，交接双方责任的具体确定。移交人员所移交的会计资料是在其经办会计工作期间所发生的，应当对这些会计资料的合法性、真实性负责，即便接替人员在交接时因疏忽没有发现所接会计资料在合法性、真实性方面的问题，如事后发现，仍应由原移交人员负责，原移交人员不应以会计资料已移交为由而推脱责任。

（2）《会计法》第四十一条规定："会计人员调动工作或离职，必须与接管人员办清交接手续。一般会计人员办理交接手续，由会计机构负责人（会计主管人员）监交；会计机构负责人（会计主管人员）办理交接手续，由单位负责人监交，必要时主管单位可以派人会同监交。"出纳人员的交接也要按《会计法》规定进行，出纳人员在调动工作或者离职时，要与接管人员办理交接手续，这是出纳人员对工作应尽的职责，也是分清移交人员和接管人员责任的重要措施。办好交接工作，可使会计工作前后衔接，保证会计工作的顺利进行，也可以防止账目不清，财务混乱，给不法分子造成可乘之机。

（3）会计工作的交接强调两点：一是会计人员调离工作岗位必须与接管人员办清手续，二是在交接过程中要有专人负责监交。出纳的交接一般分三个阶段进行：

第一阶段，交接准备。交接准备分六个方面：①将已经受理的经济业务处理完毕；②将尚未登记账目的登记完毕，结出余额，并在最后一笔余额后加盖出纳人员名章；③整理应该移交的各种资料，对未了事项和遗留问题要写出书面说明材料；④编制移交清册，将要办理移交的账簿、印鉴、现金、有价证券、支票簿、发票、文件、其他物品等内容列清；实行电算化的单位，移交人员还应在移交清册上列明会计软件及密码、数据盘磁带等内容；⑤出纳账与现金和银行存款总账核对相符，现金日记账余额要与库存现金一致，银行存款日记账金额要与银行对账单一致；⑥在现金和银行存款日记账扉页的启用表上填写移交日期，并加盖名章。

第二阶段，移交过程。出纳人员离职前必须将本人经管的会计工作，在规定的期限内，全部向接替人员移交清楚。接替人员应认真按照移交清册逐项点收，具体要求是：①库存现金要根据日记账余额当面点交，不得短缺，接替人员发现不一致或"白条抵库"现象时，移交人员在规定的期限内负责查清；②有价证券要根据备查簿余额进行点收，若出现有价证券面额与发行价不一致时，要按账面金额交接；③出纳账和其他会计资料必须完整无缺，不得遗漏。如有短缺，须查明原因，并在移交清册上注明由移交人负责；④银行存款账户要与银行对账单核对一致，出纳人员在办理交接前，须向银行申请打印对账单，如存在未达账项，还需编制银行存款余额调节表，调整相符；⑤接交人员按移交清册点收应由出纳人员保管的其他财产物资，如财务章、人名章、收据、空白支票、科目印章、支票专用章等；⑥实行电算化的单位，交接双方应在电子计算机上对有关数据进行实际操作，确认有关数据无误后，方可交接。

第三阶段，交接后有关事宜。①出纳工作交接完毕后，交接双方和监交人员要在移交清册上签名盖章，并在移交清册上注明单位名称、交接日期、交接双方和监交人的职务、姓名、移交清册页数及需要说明的问题和意见等；②接交人员应继续使用移交前的账簿，不得擅自另立账簿，以保证会计记录前后衔接，内容完整；③移交清册填制一式三份，交接双方各持一份，存档一份。

任务实施

2015 年 3 月 2 日，由于公司业务需要，原出纳李丁要调到销售部门工作，现与新出纳李胜移交工作。监交人为财务主管王红。程序如下：

（1）出纳李丁在交接之前做好了如下准备工作：

① 将截止到 2015 年 3 月 1 日的出纳账登记完毕，并在最后一笔余额后加盖名章。

② 出纳账与现金、银行存款总账核对相符，现金账面余额与实际库存现金核对一致，银行存款账面余额与银行对账单核对无误。

③ 在出纳账启用表上填写移交日期，并加盖名章。

④ 整理应移交的各种资料，对未了事项要写出书面说明。

⑤ 编制“移交清册”，填明移交的账簿、凭证、现金、有价证券、支票簿、文件资料、印鉴和其他物品的具体名称和数量。

（2）在交接过程中，监交人王红全程参与，李丁向李胜交接如下资料：

① 出纳账簿共 5 本：银行日记账 1 本；现金日记账 1 本；备查账 3 本：分别为支票备查账、应收票据备查账、应付票据备查账。

② 空白现金支票 8 张（01007 号至 01014 号）。

③ 空白转账支票 10 张（01111 号至 01120 号）。

④ 空白的电汇单 20 份（07801 号至 07820 号）。

⑤ 银行对账单 1、2 月份 2 张；1 月份未达账项说明一份。

⑥ 金库暂存物品明细表一份，与实物核对相符。

⑦ 保险柜一个，钥匙 5 片：分别为 2 片保险柜钥匙和 3 片工作台钥匙。保险柜密码及使用方法私下已授予李胜。

⑧ 银行承兑汇票 1 张，金额：5 万元，编号：1547453；到期日：2015 年 10 月 20 日，出票人全称：湘潭市友谊机械公司。

⑨ 清点库存现金共计人民币：6 553.5 元，与账面金额一致。

⑩ 电话查询截止到 2015 年 3 月 1 日的银行存款数额：基本户建行湘潭市支行（账号为 30002982222288015698）余额为 47 652 587.88 元，与账面金额一致。

⑪ 方正计算机一台，计算器一个，订书机一台，文件夹 5 个，建设银行网上银行交易卡一张（配读卡器一个）。

⑫ 未了事项共 2 项，分别做出说明：①红星股份有限公司货款 5 万元于 3 月 3 日到期，请通知对方付款。②于 2015 年 2 月 8 日在长城电机厂购买的钢材付款期限为 2015 年 3 月 5 日，请及时支出。

⑬ 公章 2 枚：分别为财务专用章 1 枚，部门章 1 枚。

（3）交接结束，移交清单（见表 1-7）一般一式三份，交接双方各执一份，存档一份。

移交清单具备了以下内容：单位名称、交接日期、交接双方和监交人的职务及姓名，以及移交清单页数、份数和其他需要说明的问题。

表 1-7

移交清单

原出纳员 ××，因工作调动，财务处已决定将出纳工作移交给 ×× 接管。现办理如下交接：

一、具体业务的移交：

二、移交的会计凭证、账簿、文件：

三、印鉴：

四、本交接书共 1 页，一式三份，双方各执一分，存档一份。

移交人：××（签名盖章）

接交人：××（签名盖章）

监交人：××（签名盖章）

××公司财务处（公章）

×× 年 × 月 × 日

想一想

1．出纳的工作范围是什么？

2．出纳的工作程序包括哪些？

3．你对出纳工作有哪些认识？

4．在移交工作中如果出现了账实不符，能不能进行交接？应如何处理？

项目小结

本项目通过介绍出纳岗位的基本工作任务、工作流程、出纳人员的素质要求和业务技能要求、常见原始凭证所反映的经济业务类型、出纳账簿的设置和登记、银行存款余额调节表的编制方法、出纳移交手续的办理程序及相关内容，使学生对出纳工作有个基本认知，为当好一名合格的出纳人员做准备。

项目综合训练

一、选择题

1．出纳报告单上的“本期结存”数必须与（　　）实际结存数一致。

A．银行存款日记账　　　　B．银行存款总账

C．库存现金日记账　　　　D．库存现金总账

2．企业“银行存款日记账”与“银行存款对账单”核对时，发生不一致的原因有（　　）。

A．企业账目记录有差错　　　　B．有“未达账项”

C．银行账目记录有差错　　　　D．以上都有可能

二、判断题

1．银行存款日记账的核对中，“账账相符”是指银行存款日记账与银行开出的银行存款对账单相一致。（　　）

2．各种会计档案是企业经营管理的重要资料，一般都需要永久保管。（　　）

3．原出纳员移交工作后就可以对其原工作期间的出纳会计资料不负责任了。（　　）

三、实训题

请根据项目1～项目4练习题中的有关凭证登记银行存款日记账及现金日记账。

要求：出纳员按照银行存款日记账登记的规则进行操作，会按照业务发生的日期顺序逐笔登记，月底结账。

现金日记账

年		凭证		摘要	对方科目	借方											核对	贷方											核对	借或贷	余额											核对
月	日	种类	号数			亿	千	百	十	万	千	百	十	元	角	分		亿	千	百	十	万	千	百	十	元	角	分			亿	千	百	十	万	千	百	十	元	角	分	
				过次页																																						

银行存款日记账

账号：

户名：

年		凭证		摘要	对方科目	现金支票号码	传账支票号码	借方	核对	贷方	核对	借或贷	余额	核对
月	日	种类	号数					亿千百十万千百十元角分		亿千百十万千百十元角分			亿千百十万千百十元角分	
				过次页										

项目二

出纳岗位基本技能

知识目标

1. 掌握阿拉伯数字、中文大写数字、大小写金额的标准写法。
2. 了解点钞机的使用方法，掌握点钞的基本方法。
3. 了解人民币防伪特征及假钞处理，掌握人民币识别方法。

能力目标

1. 能规范、清晰、流畅地书写数字。
2. 能准确、快速地清点钱钞并会使用点钞机。
3. 能准确识别真假人民币并正确处理假钞。

任务一　数字的书写

任务导入

在李胜了解了出纳岗位职责、工作内容、工作流程等基本情况后，单位会计主管对新上岗的出纳员李胜进行业务培训，问李胜："你知道在我们会计工作中阿拉伯数字的书写规范和要求吗？"李胜答："虽然知道一些具体做法，但如何正确规范填写数字并不十分清楚。"于是，主管拿出现金日记账、银行存款日记账，向他讲解数字书写的要求、方法及格式等，并拿起笔与账页纸书写示范，给李胜上了生动的一课。

主管要求李胜结合专业所学，准备一些会计书写方面的资料，着手对金额、日期大小写进行练习。

知识链接

一、书写基本要求

财政部制定的会计基础工作规范要求出纳人员必须具备数字的书写技能。数字的书写技能具体包括阿拉伯数字的书写技能、中文大写数字的书写技能、大小写金额的书写技能。

1. 书写正确，占位准确

数字书写首先要做到正确无误。在会计工作中，阿拉伯数字经常书写于有严格数位的凭证、账表中，要准确定位书写位置，并确保一个数字占一个数位格。

2. 标准规范，清晰可辨

必须做到字迹工整、清晰，字应当一个一个地写，不能连笔，不能潦草。做到书写正确、规范、清晰、整洁、美观。

3. 书写流畅，整洁美观

书写数字时，要做到长短宽窄比例匀称，大小一致，用力均匀，排列整齐，不得随意涂改，污染账目，给人以整洁美观的感受。

二、书写规范要求

1. 数字的书写

会计工作离不开数字，写好数字是会计人员的基础技能。阿拉伯数字的标准写法如图 2-1 所示。

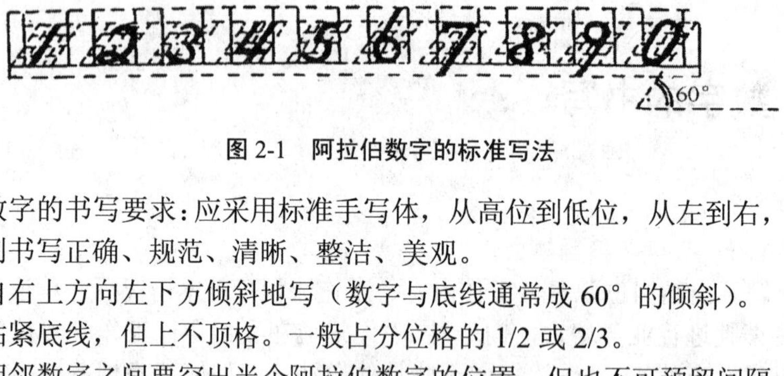

图 2-1　阿拉伯数字的标准写法

阿拉伯数字的书写要求：应采用标准手写体，从高位到低位，从左到右，独立不潦草，不连笔，做到书写正确、规范、清晰、整洁、美观。

字体要自右上方向左下方倾斜地写（数字与底线通常成 60° 的倾斜）。

数字要贴紧底线，但上不顶格。一般占分位格的 1/2 或 2/3。

同行的相邻数字之间要空出半个阿拉伯数字的位置，但也不可预留间隔（以不能增加数字为好）。

除“4”、“5”以外数字，必须一笔写成，不能人为地增加数字的笔画。

“6”字要比一般数字向右上方长出 1/4，“7”和“9”字要向左下方（过底线）长出 1/4。

对于易混淆且笔顺相近的数字，在书写时，尽可能地按标准字体书写，区分笔顺，避免混同，以防涂改。例如，“1”不可写得过短，要保持倾斜度，将格子占满，这样可防止改写为“4”、“6”、“7”、“9”；书写“6”时要顶满格子，下圆要明显，以防止改写为“8”；“7”、“9”两字的落笔可延伸到底线下面；“6”、“8”、“9”、“0”的圆必须封口。

2. 汉字大写数字的书写

汉字大写数字通常用于发票、支票、存单、汇票等重要凭证的书写。汉字大写数字要以正楷或行书字体书写，不得连笔写，不允许使用未经国务院公布的简化字或谐音字。大写数字一律用“壹、贰、叁、肆、伍、陆、柒、捌、玖、拾、佰、仟、万、亿、元、角、分、零、整”等。不得任意自造简化字，不能用“毛”代替“角”、“另”代替“零”。

3. 金额的书写

1) 小写金额的规范书写

（1）没有位数分割线的凭证、账、表上的标准写法。

① 阿拉伯金额数字前面应当书写货币币种符号或货币名称的简写，币种符号和阿拉伯数字之间不得留有空白。凡阿拉伯数字前写出币种符号的，数字后面不再写货币单位。

② 以元为单位的阿拉伯数字，除表示单价等情况外，一律写到角分；没有角分的角位和分位可写“00”或“—”；有角无分的，分位应当写出“0”，不得用“—”代替。

③ 只有分位金额的，在元和角位上各写一个“0”字并在元与角之间点一个小数点，如“0.06”。

④ 元以上每 3 位要空出半个阿拉伯数字的位置书写，如 5 647 108.92。也可以 3 位一节用“分位号”分开，如 6,647,108.92。

（2）有数位分割线的凭证、账、表上的标准写法。

① 对应固定的位数填写，不得错位。

② 只有分位金额的，在元和角位上均不得写“0”字。

③ 只有角位或角分位金额的，在元位上不写“0”字。

④ 分位是“0”的，在分位上写“0”，角分位都是“0”的，在角分位上各写一个“0”字。

2) 大写金额的规范书写

（1）大写金额要紧靠“人民币”3 个字书写，不得留有空白，如果大写数字前没有印好“人民币”字样的，应加填“人民币”3 个字。

（2）大写常将数字到“元”或“角”，在“元”或“角”后写“整”字；大写金额有“分”的，“分”后面不写“整”字。例如，12 000.00 应写为：人民币壹万贰仟元整；又如，48 651.80 应写为：人民币肆万捌仟陆佰伍拾壹元捌角整；而 486.56 应写为：人民币肆佰捌拾陆元伍角陆分。

（3）分位是“0”可不写“零分”字样，如 4.60 应写为：人民币肆元陆角整。

（4）阿拉伯金额数字中间有“0”的，汉字大写金额要写“零”字。例如，1 409.50 应写为：人民币壹仟肆佰零玖元伍角整。

（5）阿拉伯金额数字元位是“0”的，或者数字中间连续有几个“0”，元位也是“0”，但角位不是“0”时，汉字大写金额可以只写一个零字，也可以不写“零”字。例如，1 680.32 的汉字大写金额应为：人民币壹仟陆佰捌拾元零叁角贰分，或者写为：人民币壹仟陆佰捌拾元叁角贰分。又如，97 000.53 的汉字大写金额应为：人民币玖万柒仟元伍角叁分。

（6）阿拉伯金额数字角位是“0”，而分位不是“0”时，汉字大写金额“元”后面应写“零”字。例如，6 409.02 的汉字大写金额应为：人民币陆仟肆佰零玖元零贰分。又如，325.04 的汉字大写金额应为：人民币叁佰贰拾伍元零肆分。

（7）阿拉伯金额数字最高位是“1”的，汉字大写金额加写“壹”字，如 15.80，汉字大写金额应为：人民币壹拾伍元捌角整。又如，135 800.00 的汉字大写金额应为：人民币壹拾叁万伍仟捌佰元整。

（8）在印有大写金额万、仟、佰、拾、元、角、分位置的凭证上书写大写金额时，金额前面如有空位，可划“⊗”注销，阿拉伯数字中间有几个“0”（含分位），汉字大写金额就写几个零。例如，100.50 的汉字大写金额应为：人民币⊗万⊗仟壹佰零拾零元伍角零分。

4. 日期的书写

由于银行票据存在有效期，银行票据的出票日期必须使用中文大写，如支票、银行本票、银行汇票、商业汇票等。在填写月、日时，月份为壹、贰和壹拾的，日为壹至玖，以及壹拾、贰拾和叁拾的，应在其前加“零”；日为拾壹至拾玖的，应在其前面加“壹”。

例如，2 月 12 日应写成零贰月壹拾贰日；10 月 20 日应写成零壹拾月零贰拾日。票据出票日期使用小写填写的，银行不予受理。大写日期未按要求规范填写的，银行可予受理；但由此造成损失的，由出票人自行承担。

5. 大小写金额书写示例（见表 2-1）

例如：

① 小写：1 058.00，大写为：人民币壹仟零伍拾捌元整。

② 小写：1 008.00，大写为：人民币壹仟零捌元整。

③ 小写：2 000.38，大写为：人民币贰仟零叁角捌分或人民币贰仟元叁角捌分。

④ 小写：15.67，大写为：人民币壹拾伍元陆角柒分；不能只写为：人民币拾伍元陆角柒分。

表 2-1

会计凭证账表的小写金额栏								原始凭证上的大写金额栏
没有数位分割线	有数位分割线							
	万	千	百	十	元	角	分	
¥ 0.08							8	人民币捌分
¥ 0.60						6	0	人民币陆角整
¥ 2.00					2	0	0	人民币贰元整
¥ 17.08				1	7	0	8	人民币壹拾柒元零捌分
¥ 630.06			6	3	0	0	6	人民币陆佰叁拾零元零角陆分
¥ 4 020.70		4	0	2	0	7	0	人民币肆仟零贰拾元柒角整
¥ 15 006.09	1	5	0	0	6	0	9	人民币壹万伍仟零陆元零玖分
¥ 13 000.40	1	3	0	0	0	4	0	人民币壹万叁仟零佰零拾零元肆角整

任务实施

1. 书写下列日期的大写。

（1）1 月 20 日

（2）3 月 16 日

（3）2009 年 4 月 8 日

（4）2015 年 5 月 30 日

2. 写出下列小写金额的大写金额。

¥28,403.7	¥160,001.00	¥598.30
¥2,000,010.39	¥30,104.01	¥208,098.76

3. 写出下列大写金额的小写金额。

（1）人民币贰拾万元正。

（2）人民币柒仟伍佰零肆元叁角陆分。

（3）人民币伍佰柒拾伍万零壹元捌角玖分。

4. 请在账页上完成数字书写。

¥238,403.75	¥360,001.00	¥1,898.30
¥7,249,010.34	¥50,108.01	¥6,308,098.76

任务二　点钞

任务导入

财务经理想考验一下李胜的点钞技术。李胜没怎么练过手，凭借以前模拟练习的手工点钞技术，总算较成功地完成了清点工作，但还有点生疏。于是，会计主管演示并讲解了几种常用的点钞方法，还告诉李胜一些经验与技巧。

要求李胜利用业余时间训练单指单张 30 秒内 100 张，捆扎钞票以每 2 秒扎一把的速度完成。

知识链接

出纳人员最常见且繁重的工作是现金的收入、支付和整点。因此，点钞成了出纳工作的重要组成部分。点钞又称票币整点，是按照一定方法查数票币数额的工作，是出纳工作必备的基本技能。它具体包括手工点钞技能、机器点钞技能。

一、点钞的分类

按使用的工具分类，可分为手工点钞和机器点钞两大类。

1. 手工点钞

手工点钞指将纸币和硬币置于桌面，由人工对其进行清点计数的工作。依据指法不同，手工点钞又可分为手持式点钞、扇面式点钞和手按式点钞。

（1）手持式点钞法又分为单指单张点钞、多指多张点钞、四指拨动点钞、来回拨动点钞等多种操作方法，如图 2-2 所示。

图 2-2　手持式点钞法

① 单指单张点钞法是最常用的点钞法。其操作要点是：将钞票正面向内，持于左手拇指左端中央，二指（食指）和三指（中指）在票后面捏着钞票，四指（无名指）自然卷曲，与五指（小拇指）在票正面共同卡紧钞票；然后，右手三指微微上翘，托住钞票右上角，右手拇指指尖将钞票右上角向右下方逐张捻动，二指和其他手指一道配合拇指将捻动的钞票向下弹动，拇指捻动一张，二指弹拨一张，左手拇指随着点钞的进度，逐渐向后移动，食指向前推动钞票，以便加快钞票的下落速度；在此过程中，同时采用 1、2、3 等自然记数方法，将捻动的每张钞票清点清楚。一张一张清点时为单张点钞法；若在单张点钞的基础上，持票斜度加大且手指较为熟练时，便可发展到一指两张或两张以上，其方法也就发展为单指多张点钞法了。

② 多（四）指多（四）张点钞法，是以左手持钞，右手四指依次各点一张，一次四张，轮回清点，速度快，点数准，轻松省力，挑拣残损券也比较方便。此法也是纸币复点中常用的一种方法。其操作要点是：钞票横放于台面，左手手心向下，中指自然弯曲，指背贴在钞票中间偏左的内侧，二指、四指和小拇指在钞票外侧，中指向外用力，外侧的三个指头向内用力，使得钞票两端向内弯成“U”形。拇指按于钞票右侧外角向内按压，使右侧展作斜扇面形状，左手腕向外翻转，食指成直角抵住钞票外侧，拇指按在钞票上端斜扇面上；右手拇指轻轻托在钞票右里角扇面的下端，其余四指并拢弯曲，指尖成斜直线。点数时小指、四指、中指和二指指尖依次捻钞票右上角与拇指摩擦后拨票，一指清点一张，一次点四张为一组。左手随着右手清点逐渐向上移动，二指稍加力向前推动以适应待清点钞票的厚度。这种点钞法采用分组计数法，每一组计一个数，数到 25 组为 100 张。

（2）扇面式点钞法的操作要点是：将钞票捻成扇面形，右手一指或多指依次清点，如果是一指清点即为扇面式一指单张点钞法；如果是四个指头交替拨动，分组点，一次可以点多张，即为扇面式四指多张点钞法。这种点钞法，清点速度快，适用于收、付款的复点，特别是对大批成捆钞票的内部整点作用更大。但是这种方法清点时不容易识别假票和夹杂着其他版面的钞票的情况，所以不适于收、付款的初点，如图 2-3 所示。

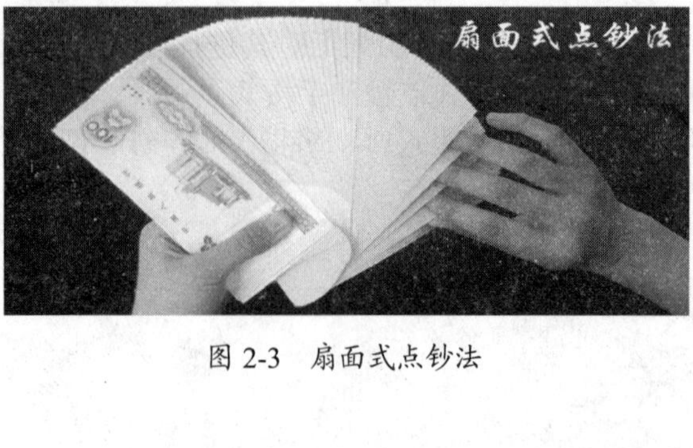

图 2-3　扇面式点钞法

（3）手按式点钞法可分为单指单张点钞法和多指多张点钞法，如图 2-4 所示。

图 2-4　手按式点钞法

① 单指单张点钞法是常采用的方法之一。这种方法简单易学，便于挑拣损伤券，适用于收款、付款工作的初、复点。其操作要点是：将钞票平放在桌子上，两肘自然放在桌面上。以钞票左端为顶点，与身体成 45°，左手小指、四指按住钞票的左上角，用右手拇指托起右下角的部分钞票，用右手二指捻动钞票，每捻起一张，左手拇指即往上推动到二指、三指之间夹住，完成一次动作后再依次连续操作，在完成这些动作的同时，采用 1、2、3 等自然计数方法，即可将钞票清点清楚。此法与手持式相比，点钞的速度要慢一些，但点钞者能够看到较大的票面。

② 多（四）指多（四）张点钞法，其操作要点是：将钞票平放在桌子上，两肘自然放在桌面上。以钞票左端为顶点，与身体成 45°，左手小指、四指按住钞票的左上角，右手掌心向下，拇指放在钞票里侧，挡住钞票。二指、中指、四指、小指指尖依次由钞票右侧外角向里向下逐张拨点，一指拨点一张，一次点四张为一组，依次循环拨动。每点完一组，左手拇指将点完的钞票向上掀起，用二指与中指将钞票夹住，如此循环往复。这种点钞法采用分组计数法，每一组计一个数，数到 25 组为 100 张。

按清点币种的性质，点钞分为纸币整点和硬币清点两类。

手工清点硬币的方法也是一种手工点钞法。手工清点硬币一般包括整理、清点、计数等步骤。清点硬币前，应先将不同面值的硬币分类码齐排好，一般 5 枚或 10 枚为一垛。清点时，将硬币从右向左分组清点，用右手拇指和食指持币分组点数。为了保证清点准确，可以用中指分开查看各组数量并复点无误后，即可计算金额，完成硬币清点工作。具体操作为：①拆卷。将待拆卷的硬币放在新的包装纸上，右手握住硬币的 1/3 处，右手的大拇指从左端往右端向下压开包装纸；包装纸压开后，用左手的食指平压硬币，右手把撕开的包装纸抽出。也可用工具清点硬币的拆卷方法。②清点。清点的时候用右手大拇指和食指从右向左分组清点，为了保证准确率，可以用右手的中指从一组中间分开查看，比如，点 10 枚，从中间分开，一边 5 枚。③计数。采用分组计数法，一组为一次，每次清点的枚数相同，如每次清点 10 枚为一组，那么点 10 组即为 100 枚。具体可以根据个人的熟练程度而定。④封卷。与工具清点硬币的封卷方法相同。⑤盖章。与工具清点硬币的封卷方法相同。

二、点钞的手法与技巧

1. 点钞的基本程序

点钞是从起把（持钞）开始到盖章结束的一个连续、完整的过程。要加快点钞速度，提高点钞水平，必须把每个环节的工作做好。点钞一般包括以下几个环节：

（1）起把（持钞）。一般用左手单手拿起一把钞券，同时做好点数的准备。依点钞方法的不同，持钞方法也有所不同。

（2）清点。要求手中点钞、脑中计数，在清点过程中力求做到既准又快。每清点完 100 张为一把。

（3）扎把。把点好的每叠百张钞券墩齐，用捆钞条扎紧，超过百张或不足百张的在扎条上写出实点数。

（4）拆把。把扎好把的钞券左边的原扎条拆断。

（5）盖章。在扎好的新扎条上加盖经办人员名章，以明确责任。

2. 点钞的基本要领

学习点钞，基本要领掌握得好，可以达到事半功倍的效果。以下就是手工点钞的 32 字要求。

（1）坐姿端正。点钞员的坐姿应体现出饱满的精神状态、积极热情的工作要求。坐姿端正会使点钞技能充分发挥。正确的坐姿应该是直腰挺胸，双脚平放地面，全身肌肉放松，两小臂置于桌面边缘，左手腕部紧贴桌面，右手微微抬起，手指活动自如，轻松持久。

（2）用品定位。用品包括点钞券、挡板（书立）、海绵缸、甘油、捆钞条（扎条）、名章、笔。①点钞员首先应整理钞券，整齐码放于桌面左侧挡板前方。②将海绵缸、甘油、扎条、名章、笔按顺序摆放于桌面中央正前方位置。③将清点好的钞券捆扎盖章后整齐码放于桌面右侧。

（3）开扇均匀。钞券清点前，要将票面打开成扇形，每张钞券的间隔距离必须一致，使钞券有一个坡度，便于捻动，不易夹张。

（4）点数准确。点钞是一项心手合一，手、眼、脑高度配合，协调一致的严谨性工作。点数准确是点钞的关键环节，也是点钞最重要的环节，是对点钞技术的基本要求。为保证清点的准确性，应运用规范的指法，指法规范既可提高清点的准确率，又可提高清点速度。清点时要求做到：①精神集中、全神贯注；②坚持定性操作、机器复核；③双手点钞，眼睛看钞，脑子计数，手、眼、脑高度配合。

（5）扎把牢固。将清点完的每一百张钞券捆扎为一小把，要求做到：扎小把以提起把中第一张不被抽出为合格。

（6）盖章清晰。点钞员清点钞券后均要盖章，扎条上的名章是分清责任的标记，名章要清晰可辨。

（7）动作连贯。这是保证点钞质量和提高点钞效率的必要条件，点钞过程的各个环节（起把、清点、扎把、拆把、盖章）必须密切配合、环环相扣，清点中双手动作要求协调流畅、娴熟规范、速度均匀，且避免不必要的小动作。

（8）快速整洁。快速要求在清点准确的基础上提高清点和捆扎速度；整洁是指点钞程序完成后，桌面物品应摆放有序、干净整齐。

只有做到点钞的上述基本要求，才能在办理现金的收付与整点时做到准、快、好。

任务实施

李胜在工作之余利用点钞券练习点钞速度及准确率。

1. 基本方法

使用任意一种点钞方法，在规定时间内完成100张纸币的持钞、清点、墩齐扎把、盖章4道工序。

2. 成绩评定

完成时间	成　绩
45秒内	合 格
40秒内	中 等
30秒内	良 好
25秒内	优 秀

3. 基本要求

（1）姿势要端正。

（2）用具摆放规范。

（3）点数要准确。

（4）动作要连贯。

（5）开扇要均匀。

（6）钞券要墩齐。

（7）钞券要捆紧。

（8）盖章要清晰。

4. 测评用具

点钞券、沾水盒、腰条（小封条）、个人图章、印台、计时表。

任务三　识别假币

任务导入

财务主管王红拿了一张纸币让李胜鉴别一下是真是假，李胜认真摸、仔细看，折腾了半天后，告诉财务主管那张纸币是真的。财务主管问他是怎么辨别出来的，李胜说感觉它像真的。财务主管告诉李胜有些假币看上去或感觉起来也像真的，所以不能单凭感觉来辨别人民币真假。

主管要求李胜学习如何鉴别人民币真假，发现假币该如何处理。

知识链接

一、识别真假人民币的基本方法

出纳人员在整点票币时还必须对损坏票币、伪造币、变造币等进行挑拣和处理。反假货币的技能具体包括人民币真假识别技能、人民币的使用技能。

我国当前正在流通使用中的第三套、第四套、第五套人民币中主要票券在印制方面的主要防假特征如下：印制人民币用的纸张是特制的纸张，一般叫作钞票用纸。纸的质地高超、有荧光反应、水印、安全线。印制人民币的油墨是特制的油墨，与市场上卖的普通油墨有很大不同。在人民币上使用的防伪油墨，大体有凹印油墨、荧光油墨、磁性油墨三种。人民币在制版和印刷上的防假特征：①人民币票面的设计，采用民族特色图案衬托主景，花符对称，正背面对应，阴阳光线分明，在不同部位上或凹印、或凸印、或平印，错落有致，多种防伪措施和标志布局合理的手法，加之名人手写银行行名，使伪造者难以一一仿效。②人民币的印刷制版，采取了先进的机器雕刻与手工雕刻相结合的技术，人民币印刷的多色接线技术，票面底纹的彩虹印刷技术，人民币的正背面对印技术。

识别人民币纸币真伪，通常采用“一看、二摸、三听、四测”的方法。下面以第五套人民币纸币为例进行介绍。

1. 看

（1）看水印：第五套人民币各券别纸币的固定水印位于各券别纸币票面正面左侧的空白处，迎光透视，可以看到立体感很强的水印。

① 固定水印。

1 元券的水印

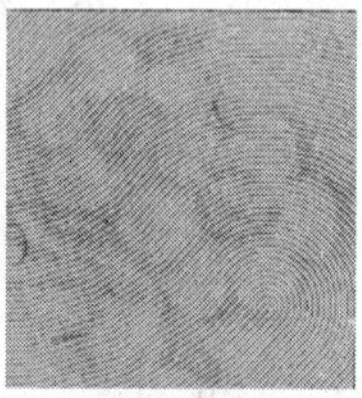
5 元券的水印

10 元券的水印

20 元券的水印

50 元和 100 元券的水印

② 白水印。

5 元券的白水印

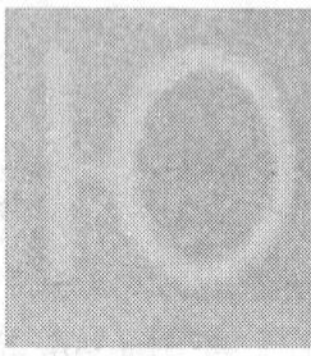
10 元券的白水印

20 元券的白水印

50 元券的白水印

100 元券的白水印

（2）看安全线：第五套人民币纸币在各券别票面正面中间偏左均有一条安全线。

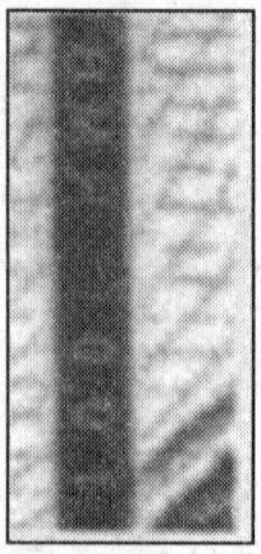
100 元券的安全线

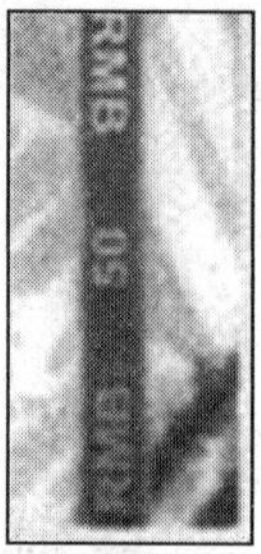
50 元券的安全线

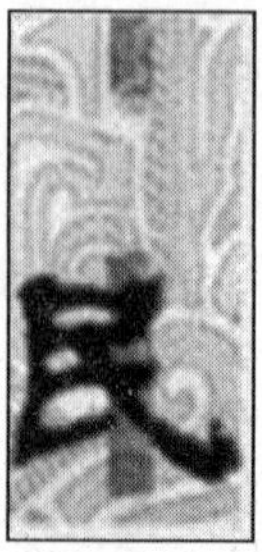
20 元券的安全线

10 元券的安全线

5 元券的安全线

（3）看光变油墨。

100 元券的光变油墨面额数字

50 元券的光变油墨面额数字

（4）看票面图案是否清晰，色彩是否鲜艳，对印图案是否可以对接上。

阴阳互补对印图案

（5）用 5 倍以上放大镜观察票面，看隐形面额数字、图案线条、缩微文字是否清晰干净。

① 隐形面额数字。

1 元券的隐形面额数字

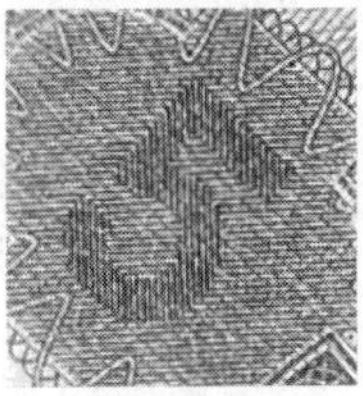

5 元券的隐形面额数字

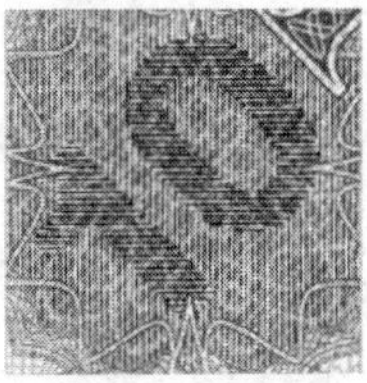

10 元券的隐形面额数字

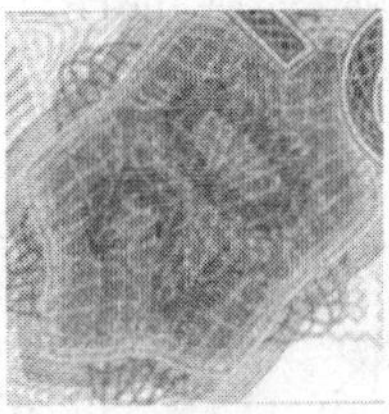

20 元券的隐形面额数字

50 元券的隐形面额数字

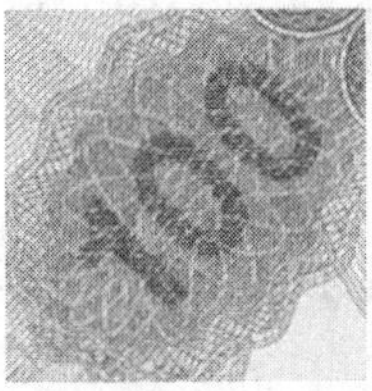

100 元券的隐形面额数字

② 缩微文字印刷。

100 元券的胶印缩微文字

50 元券的胶印缩微文字

20 元券的胶印缩微文字

10 元券的胶印缩微文字

5 元券的胶印缩微文字

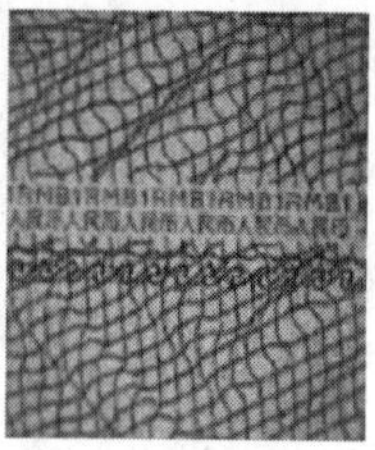
1 元券的胶印缩微文字

2. 摸

（1）摸人像、盲文点、中国人民银行行名等处是否有凹凸感。

（2）摸纸币是否薄厚适中、挺括度好。

3. 听

通过抖动钞票使其发出声响，根据声音来分辨人民币真伪。人民币的纸张具有挺括、耐折、不易撕裂的特点。手持钞票用力抖动、手指轻弹或两手一张一弛轻轻对称拉动，能听到清脆响亮的声音。

4. 测

真人民币纸币的尺寸十分严格，精确到以毫米计。另外可以借助一些简单的工具和专用的仪器来分辨人民币真伪。如借助放大镜可以观察票面线条清晰度、胶、凹印缩微文字等；用紫外灯光照射票面，可以观察钞票纸张和油墨的荧光反应；用磁性检测仪可以检测黑色横号码的磁性。

行家提示：

第五套人民币真假的识别

第五套人民币是一套科技含量较高、具有较鲜明民族特色的货币。第五套人民币自 1999 年 10 月 1 日开始发行，至 2004 年 7 月 30 日，共发行了 100 元、50 元、20 元、10 元、5 元、1 元六种纸币和 1 元、5 角、1 角三种硬币。设计特点：第五套人民币 100 元券将国际先进的计算机辅助设计方法与我国传统手工绘制有机结合，既保留了中国传统钞票的设计特点，又具有鲜明的时代特征。其特点是：①突出“三大”，即大人像、大水印、大面额数字，既便于群众识别，又增强了防伪功能。②取消了传统设计中以花边、花球为框的设计形式，整个票面呈开放式结构，增加了防伪设计空间。③背面主景设计采取组合风景方式、焦点透视和散点透视相结合的技艺，体现了中国文化特色；图纹花边设计既保持了货币的传统风格和特点，又具有防伪功能。④票面简洁、线纹清晰、色彩亮丽。⑤增加了机读技术，便于现代化机具清分处理。

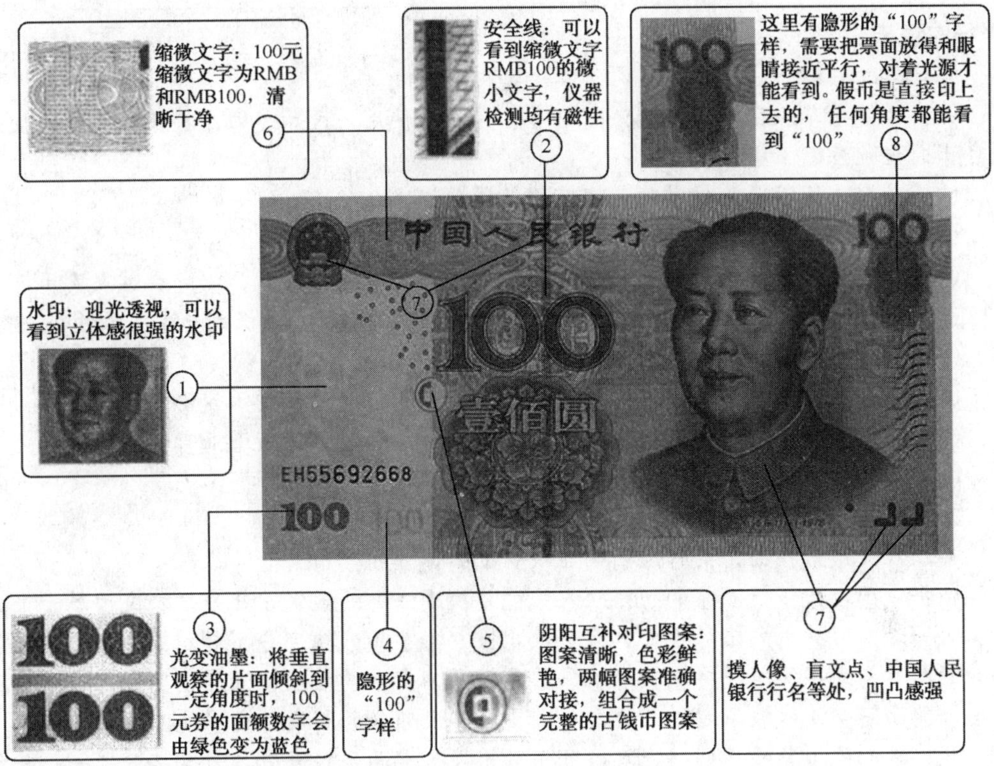

二、假币种类及假币处理方法

人民币是以国家信用为基础的法定货币，是国家主权的象征。不论是单位还是个人，如果有不宜流通的损伤、残缺人民币，都不要再次使用或对外找付，应挑拣、粘补整理好，随时送存银行或办理兑换。

1. 假人民币的种类

假人民币包括伪造的人民币和变造的人民币两种。伪造的人民币是指参照人民币的图案、形状、色彩等，采用各种手段制作的假人民币。主要有：机制假币、拓印假币、彩色复印假币和手工描绘或手工刻版等印制的假币。变造的人民币是指在真币的基础上，用挖补、揭层、涂改、拼凑、移位、重印等手段制作的假人民币，以达到以少变多的目的。主要有：拼凑变造币、揭页变造币。制造、贩运和有意使用假人民币，是一种妨害国家货币流通的违法行为，对参与者要依法追究刑事责任。

2. 发现假人民币的处理方法

单位的财会出纳人员，若在收付现金时发现假币，应立即送交附近的银行鉴别。单位发现可疑币不能断定其真假时，发现单位不得随意加盖假币戳记和没收，应向持币人说明情况，开具临时收据，连同可疑币及时报送中国人民银行当地分、支行鉴定。经人民银行鉴定，确属假币时，按发现假币后的处理方法处理；如确定不是假币，应及时将钞票退还持币人。

行家提示：

1. 爱护与使用人民币

人民币是中华人民共和国的法定货币，爱护与使用人民币是每个公民的义务。使用人民币时应注意：

（1）收付人民币要平铺整理，请不要乱揉乱折。

（2）不得在人民币上乱涂、乱画、乱写和乱盖印记。

（3）出售油污、污染商品的收款人员，请把手擦干净再收款，以免弄脏人民币。

（4）防止化学药物对人民币的浸蚀，在生活中不要将肥皂、洗涤剂与人民币放在一起。

（5）用机具收、付款时，应注意避免损伤人民币。

（6）不要在金属币上凿字、打眼、锤击、折弯等，以免使硬币变形和受损。

（7）对不宜继续使用的残缺人民币要及时粘补，随时到银行营业部门办理兑换。

（8）对在人民币上乱写、乱画的不良行为，要进行批评教育。

2. 损伤、残缺人民币的处理

残缺人民币是指由于某种原因明显缺少了一部分的票币。

依据中国人民银行颁布的《残缺人民币兑换办法》的规定，凡残缺人民币属于下列情况之一者，可持币向银行营业部门全额兑换：①票面残缺部分不超过五分之一，其余部分的图案、文字能照原样连接者；②票面污损、熏焦、水湿、油浸、变色，但能辨别真假，票面完整或残缺不超过五分之一，票面其余部分的图案、文字能照原样连接者。

凡残缺人民币属于下列情况者，可半额兑换：票面残缺五分之一至二分之一，其余部分的图案、文字能照原样连接者，应持币向银行营业部门照原面额的半数兑换，但不得流通使用。

凡残缺人民币属于下列情况之一者，不予兑换：①票面残缺二分之一以上者；②票面污损、熏焦、水湿、变色不能辨别真假者；③故意挖补、涂改、剪贴、拼凑、揭去一面者。

不予兑换的残缺人民币由中国人民银行收回销毁，不得流通使用。

及时回收市场流通中的损伤、残缺人民币，保持人民币的整洁，维护国家货币的信誉，需要企事业单位、广大群众、银行等各方面的配合。不论是单位还是个人，如果留有不宜流通的损伤、残缺人民币，不要再次使用或对外找付，应挑拣、粘补整理好，随时送存银行或办理兑换。

任务实施

财务主管王红让李胜在工作中不断通过看、摸、听、测等方法掌握人民币的防伪特征，减少工作差错。

想一想

1. 识别假币的基本方法是什么？
2. 如何正确识别第五套人民币的真伪？
3. 发现假钞应如何处理？

任务四　多功能点钞机的使用

任务导入

2015 年 3 月 5 日，公司销售车床 1 台，价款 50 000 元。采购商拿现金到财务交款。李胜熟练地用点钞机完成了验伪、清点工作，并将 50 000 元现金进行扎把。

知识链接

点钞机是一种自动清点钞票数目的机电一体化装置，一般带有伪钞识别功能，是具有计数和辨伪双重功能的机器。随着业务的增加，现金流通日益频繁，出纳现金处理工作繁重。与此同时，随着印刷技术、复印技术和电子扫描技术的发展，伪钞制造水平越来越高，点钞机已成为出纳工作不可缺少的设备。

一、点钞机的构成及功能简介

点钞机一般由捻钞、出钞、接钞、机器组件、电子电路等多部分组成，如图 2-5 所示。

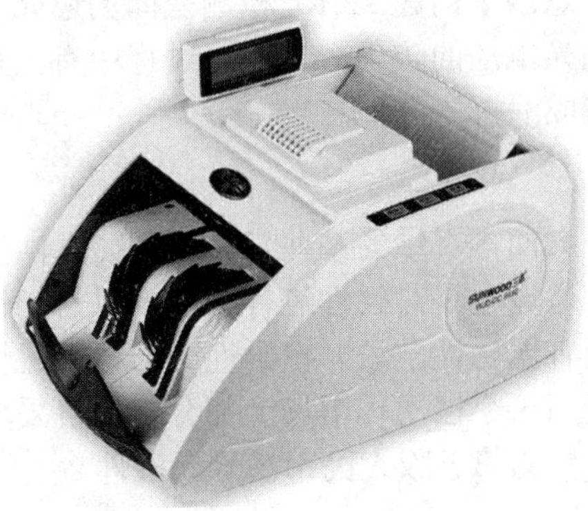

图 2-5　点钞机

1. 捻钞部分

捻钞部分主要由滑钞板、送钞舌、阻力橡皮、落钞板、调节螺钉、捻钞胶圈等组成。将要清点的钞票逐张捻出是保证技术准确的前提。

2. 出钞部分

出钞部分主要由出钞胶轮、出钞对转轮组成，其作用是以捻钞胶圈两倍的线速度把连续送过来的先到的钞票和后面的钞票有效地分开，送往计数器与检测传感器进行计数和辨伪。

3. 接钞部分

接钞部分主要由接钞爪轮、托钞板、挡钞板等组成。点验后的钞票逐张卡入接钞爪轮的不同爪中，由托钞板将钞票取下并堆放整齐。

4. 机架组件部分

机架组件部分为运动中的钞票得到有效识别提供了所需的定位精度。

5. 电子电路部分

电子电路部分是由主控部分、传感器部件、驱灯组件、电源板等组成的一个单片机控制系统。它通过多个接口把紫光、磁性、红外穿透、计数信号引入主控器，把正常钞票在正常清点中在各传感器接收到的信号进行统计取样、识别，并寄存起来，作为检测的依据。当清点纸币时，把在各通道接口接收到的信号参数与原寄存起来的信号参数进行比较、判断。若有明显差异时，立即送出报警信号并截停电机，同时送出对应的信号提示。

二、点钞机辨伪方法与基本原理

点钞机是机电一体化产品，涉及机械、电、光、磁等多个领域的知识，需要各方面互相配合。

1. 荧光检测

荧光检测的工作原理是针对人民币的纸质进行检测。人民币采用专用纸张制造，假钞通常采用经漂白处理后的普通纸进行制造，经漂白处理后的纸张在紫外线的照射下会出现荧光反应。荧光检测就是利用这一特性来对人民币进行真假检测的。

在荧光检测中，需要注意两个问题：（1）检测空间的遮光。外界光线进入检测空间会造成误报。（2）紫外光源和光电池的防尘。在点钞过程中有大量粉尘，这些粉尘黏附在光源表面会削弱检测信号，造成漏报。

2. 磁性检测

磁性检测的工作原理是大面额真钞的某些部位是用磁性油墨印刷的，通过一组磁头对运动钞票的磁性进行检测，通过电路对磁性进行分析，以辨别钞票的真假。人民币的磁性检测方法主要有：（1）检测有无磁性。（2）按磁性分布检测磁性。采用两组或三组磁头分路检测磁性，辨伪水平可提高一个档次，市场上部分点钞机采用此种方法。（3）检测第五版人民币金属线磁性。（4）检测第五版人民币横号码磁性。

3. 红外穿透检测

红外穿透的工作原理是利用人民币的纸质特征与假钞有一定的差异，用红外信号对钞票进行穿透检测时，对红外信号的吸收能力有所不同。人民币的纸张比较坚固，密度较大，以及用凹印技术印刷的油墨厚度较大，因而对红外信号的吸收能力较强，致使每一种面额的人民币都有自己相应的红外值，并以此来辨别钞票的真假。

4. 激光检测

用一定波长的红外激光照射第五版人民币的荧光字，会使荧光字产生一定波长的激光，通过对此激光的检测可辨别钞票的真假。由于仿制困难，故用于辨伪很准确。

三、点钞机常见故障及处理方法

1. 开机后无显示

处理方法：（1）检查电源的插座是否有电；（2）检查点钞机的插头是否插好；（3）检查点钞机的保险丝是否熔断。

2. 开机后出现故障提示代码

一般点钞机具有故障自检功能，开机后点钞机就自诊是否有故障。不同的点钞机，故障代码也不一样。

3. 计数不准

主要处理方法：（1）调节托钞板后部的垂直螺钉，顺时针拧一周或两周；（2）清理光电计数传感器上的积尘；（3）清尘后仍不能恢复正常，看阻力橡皮、捻钞轮是否严重磨损，换完后再进行调整；（4）调节送钞台光电计数器传感器的对正位置。

4. 荧光鉴伪不报警或检伪灵敏度降低

主要处理方法：（1）调节电路板灵敏度按键或灵敏度调节电位器（荧光鉴伪的灵敏）；（2）荧光灯管光传感器（紫光灯探头）是否积灰尘；（3）荧光灯管是否老化。

5. 启停方式失灵

主要处理方法：（1）送钞传感器是否积灰尘；（2）送钞传感器和主电路板是否连接好；（3）点钞机皮带是否折断。

四、点钞机的日常保养

要保障点钞机正常工作，平时应注意对点钞机进行日常的保养和维护。保养点钞机主要有以下几点：

一是除尘。灰尘中带有大量自由电荷，产生“静电”，会对机器产生影响，影响鉴伪。在机器内灰尘积累较多的地方是紫外线灯管。紫外线灯管是点钞机利用光学技术进行鉴伪的光源，当它被遮挡时，光源的强度就会下降，鉴伪的灵敏度也会随之下降。

二是更换易损件。点钞机的易损件主要包括橡胶器件和紫外灯管。橡胶器件使用一段时间后会由于磨损而导致摩擦力下降，从而导致机器性能也随之下降，在这种情况下就需要更换相应的橡胶器件。另外，紫外灯管工作一段时间后紫外光的发射能力也会下降，导致机器鉴伪能力下降，因此需要更换紫外灯管。

三是调节点钞的间隙。点钞机有一个调节摩擦力的“按钮”，顺时针调整，摩擦力增加；逆时针调整，摩擦力减小。

四是要避免强光照射和强磁场干扰。

任务实施

2015年3月5日，李胜收到供应商交来的销售机床货款50 000元，用点钞机进行这批现金的验伪、清点工作，并分成5把捆扎。

（1）接通电源，开机，检查机器运转是否正常。

（2）设置磁性检测和荧光检测功能；设置自动报警功能，发现假币时，机器会自动停止并发出报警。

（3）将钞票捻开，以一定斜度轻放入钞口，使其自然下滑，不可用力过大以免造成塞钞。

（4）清点计数。将钞票放入送钞口后，如发现有假钞或破损钞票及其他杂物要立即拿出。当送钞口和传送带上的钞票下钞完毕后，显示屏就会显示此次清点的钞票张数。

（5）清点完毕后，按验钞机预置功能键（预置 100 张），将 50 000 元分成 5 把，手工完成捆扎。

想一想

2015 年 3 月 8 日，公司销售车床一台，价款 45 000 元。采购商将现金交到财务处。李胜在清点钞票过程中，验钞机发出报警，该如何处理？

任务五　电子支票打印机的使用

任务导入

2015 年 3 月 10 日，采购部收到一批生产车床的钢材，已办理入库手续，需要支付对方单位 10 万元货款。采购员小李持发票来到财务处要求李胜开一张转账支票，由于李胜刚接手出纳工作不久，对支票打印机还不是很熟练，怕出现错误，在主管王红的帮助下开出了一张 10 万元的转账支票。

主管要求李胜根据采购员小王提供的采购发票给供货方开具转账支票一张，金额为 200 000 元。

知识链接

一、出纳工作的必备专用设备——电子支票打印机

电子支票打印机也称支票机，外观精美，体积小巧，操作方便，如图 2-6 所示。电子支票打印机打印字体清晰、美观、规范、准确，具有凹凸感，使用油墨防水、防酸、防碱、防止涂改，能长期保留，是专门为防止填写不规范造成银行退票而设计的专业打印机，代替手工填写支票。同时，其打印效果也有效避免了涂改支票等金融犯罪，保证开户单位资金安全，降低出纳人员的劳动强度。随着支票的流通日益频繁和全国支票的统一，支票的填写规范越来越严格。目前，支票打印机已成为各单位不可或缺的财务专用设备。

二、电子支票打印机的功能简介

出纳常用的电子支票打印机，其操作面板名称及功能具体如下。

（1）打印：用来将显示屏上的内容打印到支票上。

（2）➡：每按该键一次，显示屏上的数字向右移出一位。

（3）C：删除当前显示的可打印内容（金额或日期）。

（4）总和 / 张数：按该键可显示已打印支票总张数和总金额。

（5）日期键：按该键可把显示的数据以日期格式打印出来。

（6）000：按下该键等同于连续输入三个“0”。

（7）.：当金额有角和分时，按此键为小数点的输入，屏幕上显示为“.00”。

（8）+ − ∗ /：运算键，可将运算结果通过按“打印”键打印到支票上。

图 2-6　电子支票打印机

三、日常维护及使用注意事项

如果支票打印机使用时间较长，打印字迹色泽太淡或墨轮发干，应适时添加油墨或更换墨轮，方法如下：

关闭电源，拆下油墨盒盖，用拇指和食指捏住墨轮的柄部，将贴着金属支架的塑料片向内压一下，即可将墨轮从支架中拔出；然后添加油墨，用手挤出墨瓶中的油墨，均匀涂在墨轮的泡沫塑料上（若字轮被杂物堵塞，可用针或细毛刷清除）；最后把加好油墨的墨轮放回墨轮滚动支架上，装好油墨盒盖。

支票打印机如操作不当，一般会发出提示音，主要有以下情况：支票未定好位；试图打印负数或 0；输入数字超过 10 个后继续输入；试图打印金额超过 8 位的整数；总张数溢出；运算溢出等。

任务实施

业务办理过程如下。

1. 启动机器

打开支票打印机电源开关，机器将自动运行一段自检程序，当机器各部件准备就绪，显示器右边显示“0”字符后，表示机器运作正常，可以打印支票。

2. 打印日期

第一步，放入支票。将空白支票放在定位板下，使支票上的小写金额框左边对准定位板上的日期定位框，然后拨动压纸杆，压好支票，显示器上显示为“←”字符。

第二步，打印日期。按照“年月日”的顺序输入，年份要求输足四位数，月、日要求各输足两位数，若为一位数时，十位应补零。根据业务日期要求，输入 20130402，然后按“日期”键打印，打印完成后取出支票。

第三步，取出支票。拨动压纸杆，取出支票，显示器将不显示“←”字符。

3. 打印金额

第一步，放入支票。同前所述，但要注意，使支票上的小写金额框左边对准定位板上的金额定位框。

第二步，打印金额。输入金额100 000，然后按“打印”键打印支票，打印完成后取出支票。如果显示器上显示的金额不是要打印的金额，通过清除键、修改键、数字键进行清除、修改、输入金额，然后按“打印”键打印支票。

第三步，取出支票。

4. 打印密码

第一步，放入支票同前所述，但要注意，使支票上的密码框左边对准定位板上的密码定位框。

第二步，先按“密码”键（如打印机无单独“密码”键，可同时按住“=”和“打印”键），显示passed进入输入密码状态，然后通过数字键输入密码，如密码超过14位（满14）后自动换屏可继续输入。确认密码无误后，再次按“密码”键打印密码。

第三步，取出支票。

经过以上操作，李胜成功开出一张金额为100 000元的转账支票。

想一想

2015年3月12日，李胜清点库存现金时，发现现金不足以支付当天的劳务工资，于是决定开具85 000元的现金支票到银行取款。请帮助李胜打印一张85 000元的现金支票。

任务六　支付密码器的使用

任务导入

2015年3月25日，有一位往来单位的办事员找到李胜，称两天前开具的转账支票被银行退票了，李胜接过支票逐项核对，最后发现是密码编辑错误造成的。李胜只好给对方重新开具一张支票。

知识链接

支付密码是根据票据号码、金额、账号、日期等信息计算出的一组16位密码，填写在票据上与印鉴结合作为付款依据。由于支付密码是根据票据的每一个要素使用高强度加密算法计算而来的，因此具有极高的安全性。

按照中国人民银行总行的要求，电子支付密码主要应用在支票（包括现金支票、转账支票)、汇兑凭证（电汇 / 信汇凭证)、银行汇票申请书、银行本票申请书和人民银行规定的其他类票据（如结算业务申请书）上。

支付密码器是一种机具，它采用中国人民银行总行和国家商用密码管理委员会（现在为国家商用密码管理局）联合颁布的《支付密码器系统》标准，用于运算产生支付密码，其安全性是由国家专门机构保证的。支付密码的功能主要通过支付密码器实现。

提示：根据中国人民银行的规定，支付密码器为自愿使用。不过随着银行的大力推广，目前在部分城市（如厦门市）已全面使用。

行家提示：电子支付密码系统的基本原理是企业利用银行发行的支付密码器，在签发票据时，对票据上的各要素进行综合加密运算产生支付密码，企业在签发票据时将对应的支付密码填写在票据上，作为票据真伪的主要鉴定手段或印鉴的辅助鉴定手段。银行通过计算机网络对票据及票据上支付密码的有效性和合法性进行快速验证。

任务实施

2015 年 3 月 25 日，李胜因两天前开出的转账支票被收款单位退回需要重新开出一张，金额为 10 000 元，支票号为 10250559。在支票打印过程中需要对支票进行密码编辑。

第一步，开机。按下密码器顶端电源开关。

第二步，经办员登录。选定操作员登录项目（显示屏还有参数修改等其他项目，按▲、▼按钮可切换任务），按确认按钮，如图 2-7 所示。

图 2-7　登录界面

第三步，输入经办员口令，如图 2-8 所示。密码为 6 位数。

图 2-8　输入口令界面

第四步，经办员登录后，标识条停在签发票据上（此功能页还包含查询签发记录、修改经办员口令、设置账号简称项目，按▲、▼按钮可切换任务），按确认按钮，如图 2-9 所示。

图 2-9　功能选择界面

第五步，选择签发票据所在账号 32015336621168811（按▲、▼按钮可切换账号），按确认按钮，如图 2-10 所示。

图 2-10　选择账号界面

第六步，选择签发票据种类为支票（按▲、▼按钮可切换票据类型），按确认按钮，如图 2-11 所示。

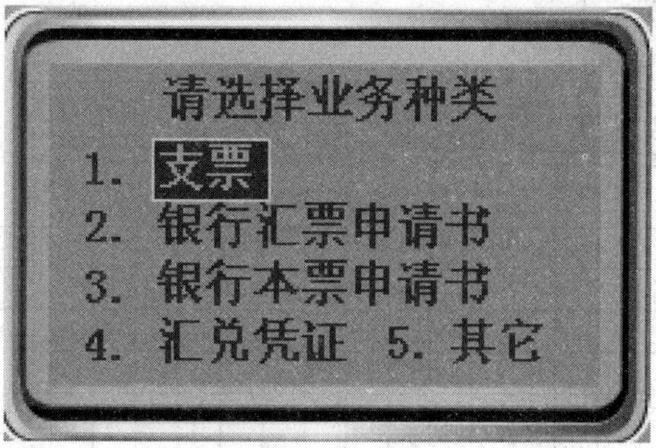

图 2-11　选择业务种类界面

第七步，输入票据签发日期 20150325，按确认按钮。

第八步，输入票据号码 10250559，按确认按钮。

第九步，输入签发票据金额 10000，按确认按钮。

第十步，核对信息。录入完成后，签发票据的账号、日期、票据号码、金额完整显示，仔细核对信息确认无误后，按确认按钮。如输入有误，可按取消按钮重新输入。

第十一步，生成密码。信息核对确认无误后，自动生成签发票据的密码。

想一想

2015 年 3 月 28 日，公司收到一批用于生产机床的钢材，已办理入库手续。现需要通过中国工商银行湘潭市支行以 3352028923567985 账户给对方单位电汇 10 万元货款，电汇凭证号为 022556789。在填制电汇凭证的过程中，如何进行密码编辑？

项目总结

本项目介绍了出纳岗位的基本技能要求：阿拉伯数字、中文大写数字、大小写金额的标准写法；点钞机的使用方法，掌握点钞的基本方法；人民币防伪特征及假钞处理，人民币识别方法等相关知识，使学生能规范、清晰、流畅地书写数字；能准确、快速地清点钱钞并会使用多功能点钞机；能准确使用电子支票打印机及正确使用电子支付密码器，为当好一名合格的出纳人员练好基本功。

项目综合训练

一、阿拉伯数字书写

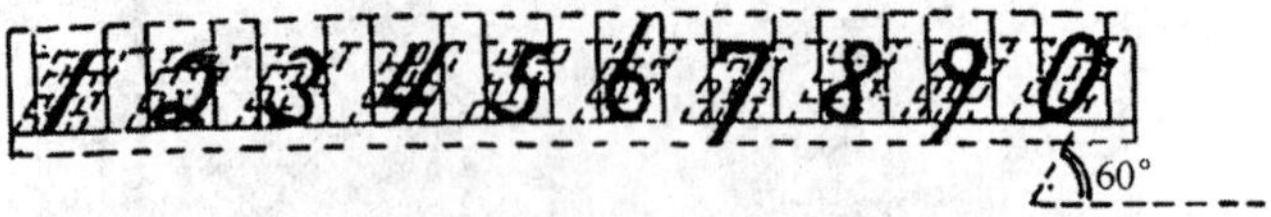

二、中文数字书写

零									
壹									
贰									
叁									
肆									
伍									
陆									
柒									
捌									
玖									
拾									

三、请根据资料在表中书写大小写金额

（1）¥0.70　（2）¥0.90　（3）¥16.05

（4）¥81.00　（5）¥1 500.67　（6）¥1 430.06

（7）¥80 002.73　（8）¥130 100.40　（9）¥107 809.40

会计凭证账表的小写金额栏								原始凭证上的大写金额栏
没有数位分割线	有数位分割线							
	万	千	百	十	元	角	分	

四、实操题

1．运用点钞的基本方法，以点钞币进行实际点钞练习，努力达到熟练点钞的要求，即每分钟数 6 把（600 张）。

2．以第五套人民币 6 种纸币和 3 种硬币的防伪特征，练习识别真假人民币的基本方法和技能。

项目三

现金管理与现金结算

知识目标

1. 熟悉现金管理的主要规定。
2. 掌握现金存取业务的处理程序。
3. 掌握现金收支业务的处理程序。
4. 掌握现金盘点业务的处理程序。

能力目标

1. 能准确计算库存现金限额。
2. 能准确填写库存现金限额申请表。
3. 能准确填写现金缴款单。
4. 能准确填写现金支票。
5. 能准确填写收款收据。
6. 能准确审核借款单。
7. 能准确盘点现金。
8. 能准确填写现金盘点报告表。

任务一　现金管理业务

子任务一　库存现金管理的规定

任务导入

出纳李胜第一天上班，会计主管王红对李胜说："一家企业每天都会有很多现金要经过出纳员的手，要做好这个工作，你一定要熟悉现行的有关现金收支管理的制度和规定。你先了解一下我们企业的基本情况及现金管理的规定。"

企业基本信息

企业名称：湘潭市东风机械股份有限公司

地　　址：湘潭市河西大道 10 号

邮政编码：411100

电话号码：0731-54321000

法定代表人：李晶

注册资金：1 000 万元人民币

企业类型：股份有限公司

经营范围：车床生产和销售

税务代码：430304101400148，一般纳税人，增值税率 17%

开户银行：中国工商银行湘潭市支行

账　　号：30002982222880015698

财务主管：王红　记账：陈艳　制单：张小　出纳：李胜

银行预留印鉴：

知识链接

现金又称库存现金，是指存放在单位财会部门，由出纳人员经管的货币，包括人民币和外币。现金管理就是对现金的收、付、存等各环节进行的管理。根据《现金管理暂行条例》、《现金管理暂行条例实施细则》及《内部会计控制规范——货币资金》的规定，现金管理的主要规定如下。

一、现金的使用范围

各单位可以在下列范围内使用现金：

（1）职工工资、津贴。

（2）个人劳务报酬。包括稿酬、讲课费、设计费、装潢费、安装费、制图费、化验费、测试费、医疗费、法律服务费、各种演出与表演费、技术服务费、介绍服务费、经纪服务费、代办服务费及其他劳务费用等。

（3）支付给个人的各种奖金。包括根据国家规定颁发给个人的科学技术、文化艺术、体育等各种奖金。

（4）各种劳保、福利费用及国家规定的对个人的其他支出。包括退休金、抚恤金、学生助学金、职工生活困难补助等。

（5）向个人收购农副产品和其他物资如金银、工艺品、废旧物资等的价款。

（6）出差人员必须随身携带的差旅费。

（7）结算起点（1 000 元）以下的零星支出。

（8）中国人民银行规定需要支付现金的其他支出。如因采购地点不确定、交通不便、抢险救灾及其他特殊情况，办理转账结算不方便，必须使用现金的支出。对于这类支出，开户单位应向开户银行提出书面申请，由本单位财务负责人签字盖章，开户银行审查批准后，予以支付现金。

除上述第（5）、（6）项外，开户单位支付给个人的款项，超过使用现金限额的部分，应当以支票或者银行本票支付；确需全额支付现金的，经开户银行审核后，予以支付现金。

二、现金管理的基本要求

1. 严格遵守开户银行核定的库存现金限额

库存现金限额由开户银行根据开户单位 3 ～ 5 天的日常零星开支所需要的现金核定，开户单位需要增加或者减少库存限额的，应当向开户银行提出申请，由开户银行重新核定。超过库存限额以外的现金应在下班前送存银行。

2. 严格实行收支两条线，不得擅自坐支现金

根据规定，各单位现金收入应于当日送存银行，同时还要在交款单上注明款项的来源；当日送存有困难的，由开户银行确定送存时间。单位支付现金，可以从本单位库存现金限额中支付或者从开户银行提取，不得从本单位的现金收入中直接支付（即坐支）。因特殊情况需要坐支的，应当事先报经开户银行审查批准，由开户银行核定坐支范围和限额。坐支单位应当定期向开户银行报送坐支金额和使用情况。

3. 开户单位应当建立健全现金账目，逐笔记载现金支付

账目应当日清月结、账款相符，严格执行《现金管理暂行条例实施细则》第十二条规定的七个“不准”。其内容如下：

（1）不准用不符合财务制度的凭证顶替库存现金。

（2）不准单位之间相互借用现金。

（3）不准谎报用途套取现金。

（4）不准利用银行账户代其他单位和个人存入或支取现金。

（5）不准将单位收入的现金以个人名义存入储蓄。

（6）不准保留账外公款（即小金库）。

（7）禁止发行变相货币，不准以任何票券代替人民币在市场流通。

4. 建立现金收支业务的岗位责任制，加强现金管理内部控制

会计机构内部必须由专职（或兼职）的出纳人员负责管理现金。单位的会计工作和出纳工作必须分开，出纳人员不能兼管稽核、会计档案保管和收入、费用、债权债务账目的登记工作。单位不得由一人办理货币资金业务的全过程。

5. 一切现金收付必须有合法的原始凭证

收入现金应开具收款收据，并必须坚持先收款后开收据；支出现金必须填写内容真实、准确、合法的支付凭证，出纳人员应按规定程序审核并办理现金支付手续。出纳收付款后，必须在相关的凭证上加盖“现金收讫”或“现金付讫”印章。

6. 大额现金支付登记备案制度

根据中国人民银行 1997 年 4 月发布的《大额现金支付登记备案规定》，凡在商业银行、城市合作银行、城乡信用社开设账户的开户单位，除工资性支出和农副产品采购所用现金支出外，提取现金超过中国人民银行各省、自治区、直辖市分行确定的大额现金数量标准的，要填写有关大额现金支取登记表格，表格的主要内容包括支取时间、单位、金额、用途等；同时，开户银行要建立台账，实行逐笔登记，并于季后 15 日内报送中国人民银行当地支行备案。开户银行对本行签发的超过大额现金标准、注明“现金”字样的银行汇票、银行本票，视同大额现金支付，实行登记备案制度。

7. 严格执行现金清查盘点制度

出纳人员对每天发生的现金收支业务要逐笔登记到现金日记账，并在每天业务结束前结出现金日记账余额，盘点库存现金，并将现金日记账余额与库存现金实存数核对，保证账实相符。会计部门应定期或不定期对库存现金进行抽查盘点，及时发现和改正差错，防止挪用、贪污或盗窃现金等不法行为发生。

三、现金管理原则

1. 收付合法性原则

收付合法是指各单位在收付现金时必须符合国家的有关现金管理的方针、政策和规章制度的规定。合法性包含两层含义：一是现金的来源和使用必须合法；二是现金收付必须在合法的范围内进行。

2. 钱账分管原则

钱账分管即管钱的不管账，管账的不管钱，是指经管现金的出纳人员不得兼任稽核、会计档案保管和收入、支出、费用、债权债务账目的登记工作；经管收入、支出、费用、债权债务等账目的登记工作的会计人员不得兼管出纳账目登记工作、现金的收付工作和现金的保管工作。

3. 收付两清原则

收付两清原则是指在现金收付过程中的收付款项当面点清的原则。它要求出纳人员不论工作多忙、金额大小或对象熟生，对收付的现金都要进行复核或由另外一名会计人员复核，切实做到现金收付不出差错，防止长、短款的发生；同时出纳人员对来财会部门交取现金的人员，要督促他们当面点清，如有差错当面解决，以保证收付两清。

4. 日清月结原则

日清月结是出纳员办理现金出纳工作的基本原则和要求，也是避免长款和短款的重要措施。所谓日清月结，就是出纳员办理现金收支业务时，必须做到按日清理、按月结账。即对每天发生的现金收支业务要逐笔登记到现金日记账，逐日结出库存现金余额，并将现金日记账余额与库存现金实际余额核对，保证账实相符。月末将现金日记账本月收付发生额及月末余额与现金总账核对，保证账账相符。

任务实施

出纳李胜工作的第一件事就是学习、了解、掌握《现金管理暂行条例》、《现金管理暂行条例实施细则》及《内部会计控制规范——货币资金》的规定，提高自身业务素质，合法、规范操作，工作起来才能得心应手。

想一想

出纳还应该熟悉哪些财经法规和制度？

子任务二　库存现金限额的核定

任务导入

2015年3月10日，鉴于业务开展的需要，出纳李胜经与开户银行协商，核定本企业的库存现金的保留天数为4天。企业日常现金支出范围主要包括采购零星材料的支出、零星劳务费支出、办公费和其他支出，其月度的平均现金支出总额（但不包括定期的大额现金支出和不定期的大额现金支出）分别为36 000元、9 000元、6 000元和18 000元。那如何来核定库存现金限额呢？经批准后库存现金限额又是多少呢？

知识链接

一、库存现金限额概述

库存现金限额是指国家规定由开户银行给各单位核定一个保留现金的最高额度。核定单位库存限额的原则是既要保证日常零星现金支付的合理需要，又要尽量减少现金的使用。

二、库存现金限额的核定方法

一家单位在几家银行开户的，只能在一家银行开设现金结算户，支取现金，并由该家银行负责核定现金库存限额和进行现金管理检查。

库存现金限额每年核定一次，开户单位与开户银行协商核定库存现金限额。其核定公式为：

库存现金限额＝每日零星支出额 × 核定天数

每日零星支出额＝月（或季）平均现金支出额 ÷ 月（或季）平均天数

现金日常零星开支需要量不包括定期性的大额现金支出，如每月发放的工资；不定期性的大额现金支出，如差旅费；商业和服务业的找零的备用金也不包括在库存现金限额之中。

三、库存现金限额的核定管理

按照《现金管理暂行条例》及《现金管理暂行条例实施细则》规定，库存现金限额由开户银行根据开户单位3～5天的日常零星开支所需的库存现金核定。边远地区和交通不便地区的开户单位的库存现金限额，可以多于5天，但最高不得超过15天。

按照现金内部控制制度的要求，单位应当加强现金库存限额的管理，经核定的库存现金限额，开户单位必须严格遵守，每日现金的结存数不得超过核定的限额，超过库存限额的现金应及时存入银行。如库存现金不足限额时，可向银行提取现金，不得在未经开户银行准许的情况下坐支现金。开户单位需要增加或者减少库存现金限额的，应当向开户银行提出申请，由开户银行核定。

四、库存现金限额的核定程序

（1）与开户银行协商库存现金限额的天数。

（2）计算库存现金的限额。

（3）填写“库存现金限额申请批准书”，加盖单位印鉴后，报送单位主管部门签署意见。

（4）递交开户银行审批。

（5）收到银行审批核定的库存现金限额申请批准书。

任务实施

为了准确算出库存现金限额，出纳李胜做了如下工作。

1. 核定库存现金的限额

出纳人员根据月度或季度的平均现金支出总额，计算每日的平均现金支出总额，并在此基础上计算库存现金限额。根据上述公式，本企业每日现金支出计算如下：

购零星材料的支出 =36 000÷30×4=4 800（元）

零星劳务费支出 =9 000÷30×4=1 200（元）

办公费支出 =6 000÷30×4=800（元）

其他支出 =18 000÷30×4=2 400（元）

2. 填写“库存现金限额申请批准书”

出纳李胜根据计算的上述各项现金支出数，准确地填写一式两联的库存现金限额申请书（见表3-1）。加盖企业印鉴后，经单位主管签署意见后，报送开户银行审批。

表3-1

库存现金限额申请书

申请单位：湘潭市东风机械股份有限责任公司　　　　单位：元

开户银行：中国工商银行湘潭市支行　　　　账号：3000298222288015698

每日必须保留现金支出项目	保留现金理由	申请金额	批准金额	备注
与银行商定现金保留4天				
材料采购	每月预计零星采购现金支付36 000元	4 800		
劳务费	每月预计现金支付的劳务费9 000元	1 200		

续表

每日必须保留现金支出项目	保留现金理由	申请金额	批准金额	备注
办公费	每月预计现金支付的办公费 6 000 元	800		
其他	每月预计其他现金支付 18 000 元	2 400		
合计		9 200		
申请单位 湘潭市东风机械股份有限公司 财务专用章 盖章 2015 年 3 月 10 日	单位主管部门意见 同意 盖章 2015 年 3 月 11 日	银行审查意见 盖章 年 月 日		

3. 银行审批

企业将库存现金限额申请书送交银行审查，开户银行经过审查和综合平衡后，在申请批准书上填写批准限额数，并加盖银行业务受理印章，将申请书的第一联（见表 3-2）交还申请企业，第二联留存开户银行。

表 3-2

库存现金限额申请书

申请单位：湘潭市东风机械股份有限责任公司　　　　单位：元

开户银行：中国工商银行湘潭市支行　　　　账号：3000298222288015698

每日必须保留现金支出项目	保留现金理由	申请金额	批准金额	备注
与银行商定现金保留 4 天				
材料采购	每月预计零星采购现金支付 36000 元	4 800	4 800	
劳务费	每月预计现金支付的劳务费 9000 元	1 200	1 200	
办公费	每月预计现金支付的办公费 6000 元	800	800	
其他	每月预计其他现金支付 18000 元	2 400	2 200	
合计		9 200	9 000	
申请单位 湘潭市东风机械股份有限公司 财务专用章 盖章 2015 年 3 月 10 日	单位主管部门意见 同意 盖章 2015 年 3 月 11 日	银行审查意见 盖章 中国工商银行湘潭市支行 业务公章 2015 年 3 月 12 日		

想一想

2015年1月2日，北京华光有限公司向其开户银行工商银行武侯支行申请核定库存现金限额，其日常支出资料为：每年预计差旅费90 000元，每年预计零星采购支出72 000元，每年预计其他零星支出54 000元。

（1）请分别计算各项目限额：① 差旅费需用现金；② 零星材料采购需用现金；③ 其他支出需用现金。

（2）填写“库存现金限额申请书”，如表3-3所示（注：公司无上级主管部门）。

表3-3

库存现金限额申请书

申请单位：　　　　　　　　　　　　　　　　　　　　　单位：元

开户银行：　　　　　　　　　　　　　　　　　　　　　账号：

每日必须保留现金支出项目	保留现金理由	申请金额	批准金额	备注
差旅费				
材料采购				
其他支出				
合计				
申请单位 盖章 年 月 日	单位主管部门意见 盖章 年 月 日	银行审查意见 盖章 年 月 日		

任务二　现金存取业务

子任务一　现金送存业务的处理

任务导入

2015年3月13日，出纳李胜将湘潭市东风机械股份有限公司一笔销货款存入银行，金额为4 570元，其中100元面额的40张，50元面额的10张，20元面额的3张，10元面额的1张。

对于这笔销货款，出纳李胜应如何按规定处理呢？

知识链接

1. 现金送存程序

出纳人员对当天收到的现金和超出库存限额部分的现金应当及时送存银行，其程序一般为：

（1）整点票币。出纳人员对需要送存银行的现金分别按票面金额整理，点清送存金额，便于同银行清点现金。

（2）到银行送存现款。出纳人员填制“现金缴款单”（见表 3-4），将现金送交银行受理窗口，并与银行柜台的经办人当面清点，如有差异，应当复核并予以解决。

（3）银行及送款人双方确认无误后，由银行按规定在“现金缴款单”上签章，银行盖章后退回交款人回单联，表示款项已收妥。

（4）会计根据审核无误的原始单据编制现金付款凭证。

（5）出纳根据审核无误的现金付款凭证登记现金日记账。

2. 现金缴款单填写

（1）日期：填写送存银行的日期。

（2）款项来源：填写所收现金的来源，如销货款、收费等。

（3）交款人：填写送存现金人员即出纳员的姓名。

（4）收款单位全称：填写收款单位名称的全称。

（5）开户银行：填写收款人开户银行的名称。

（6）收款人账号：填写收款人在开户银行的账号。

（7）金额：按实际交款金额填写大写和小写金额。

任务实施

对于存现业务，出纳李胜做了如下工作。

1. 整点票币

在送存现金时按不同的面额、币种分别清点整理。纸币平铺整齐，将不同面额的纸币按 100 张为一把进行清点扎把；不够整把的，按从大额到小额的顺序整理。整理铸币时，将面额为 1 元、5 角和 1 角的硬币分别按每 100 枚用纸卷成一卷，不足一卷的一般不送存银行，留做找零用。

2. 填写现金缴款单（见表 3-4）

表 3-4

中国工商银行现金缴款单（回单）

2015年 3月 13日

收款人	全称	湘潭市东风机械股份有限公司		
	账号	3000298222288015698	款项来源	销货款
	开户行	中国工商银行湘潭市支行	交款人	李胜

人民币（大写）	肆仟伍佰柒拾元整	百	十	万	千	百	十	元	角	分
				¥	4	5	7	0	0	0

票面	张数	金额	票面	张数	金额
100 元	40	4 000	5 角		
50 元	10	500	2 角		
20 元	3	60	1 角		
10 元	1	10	5 分		
5 元			2 分		
2 元			1 分		
1 元					

中国工商银行
湘潭市支行
2015 年 03 月 13 日
现金收讫

复核： 经办：

第一联 由银行盖章后退回单位

3. 送存交款

李胜整理现金并填写现金缴款单后，将现金连同现金缴款单一起送存银行。经银行柜台业务人员当面清点无误后，银行按规定在“现金缴款单”上签章，银行盖章后将回单联退还李胜，李胜确认交款回单，且银行有关手续办妥后方可离开银行柜台。

4. 编制记账凭证

出纳李胜将现金缴款单回单交给会计张小，编制记账凭证（见表 3-5）。

表 3-5

记 账 凭 证

2015年 3 月 13 日 记字第1号

摘要	会计科目		借方金额									贷方金额									记账
	总账科目	明细科目	百	十	万	千	百	十	元	角	分	百	十	万	千	百	十	元	角	分	（签章）
存现	银行存款					4	5	7	0	0	0										
	库存现金														4	5	7	0	0	0	√
合计					¥	4	5	7	0	0	0			¥	4	5	7	0	0	0	

附件 1 张

财务主管：王红 记账：陈艳 出纳：李胜 审核：王红 制单：张小

5. 登记现金日记账

出纳李胜根据审核无误的记账凭证，序时登记现金日记账（见表 3-6）。同时，在记账凭证中“记账”栏画上记账符号“√”，并在记账凭证下方加盖记账人签章。

表 3-6

现金日记账

2015年		凭证		票据号数	摘要	借方								贷方								余额								√
月	日	字	号			十	万	千	百	十	元	角	分	十	万	千	百	十	元	角	分	十	万	千	百	十	元	角	分	
3	1				期初余额																			8	5	0	0	0	0	
3	13	记	1		存现											4	5	7	0	0	0			3	9	3	0	0	0	

想一想

2015 年 7 月 15 日，企业出纳人员盘点现金，将超过银行核定的库存现金限额的余额送存银行，金额为 3 690 元，其中 100 元面额的 30 张，50 元面额的 12 张，20 元面额的 4 张，10 元面额的 1 张。

你能试一试填写现金缴款单吗？

中国工商银行现金缴款单(回单)

年　月　日

<table>
<tr><td rowspan="3">收款人</td><td>全称</td><td colspan="4"></td></tr>
<tr><td>账号</td><td colspan="2"></td><td>款项来源</td><td></td></tr>
<tr><td>开户行</td><td colspan="2"></td><td>交款人</td><td></td></tr>
<tr><td colspan="2" rowspan="2">人民币（大写）</td><td rowspan="2"></td><td colspan="3">百 十 万 千 百 十 元 角 分</td></tr>
<tr><td colspan="3"></td></tr>
</table>

<table>
<tr><td>票面</td><td>张数</td><td>金额</td><td>票面</td><td>张数</td><td>金额</td><td rowspan="8">复核：　　　　经办：</td></tr>
<tr><td>100 元</td><td></td><td></td><td>5 角</td><td></td><td></td></tr>
<tr><td>50 元</td><td></td><td></td><td>2 角</td><td></td><td></td></tr>
<tr><td>20 元</td><td></td><td></td><td>1 角</td><td></td><td></td></tr>
<tr><td>10 元</td><td></td><td></td><td>5 分</td><td></td><td></td></tr>
<tr><td>5 元</td><td></td><td></td><td>2 分</td><td></td><td></td></tr>
<tr><td>2 元</td><td></td><td></td><td>1 分</td><td></td><td></td></tr>
<tr><td>1 元</td><td></td><td></td><td></td><td></td><td></td></tr>
</table>

第一联　由银行盖章后退回单位

子任务二　现金提取业务的处理

任务导入

2015 年 3 月 15 日，因零星支付需要，出纳李胜从开户银行提取 3 000 元现金。对于提取现金的业务，出纳李胜应如何按规定处理呢？

知识链接

单位零星支出需要支付现金时，可从银行基本存款户提取现金。提现时，必须填写现金支票（见表 3-7）。

表 3-7

中国工商银行
现金支票存根（湘）
DH02251606
附加信息
出票日期 2015 年 3 月 15 日

收款人：	湘潭市东风机械股份有限公司
金　额：	¥3 000.00
用　途：	备用金

单位主管 李晶　　会计 张小

中国工商银行　现金支票（湘）　DH 02251606

本支票付款期限十天

出票日期（大写）贰零壹伍 年 零叁 月 壹拾伍 日　付款行名称：中国工商银行湘潭市支行

收款人：湘潭市东风机械股份有限公司　出票人账号：3000298222288015698

人民币（大写）	百	十	万	千	百	十	元	角	分
叁仟元整			¥	3	0	0	0	0	0

用途 备用金

上列款项请从

我账户内支付

出票人签章（湘潭市东风机械股份有限公司 财务专用章）（李晶印）　复核　记账

附加信息：

（湘潭市东风机械股份有限公司 财务专用章）（李晶印）

收款人签章　李胜

2015年 3月 15日

身份证件名称：身份证　　发证机关：湘潭市岳塘公安分局

号码	4	3	0	3	0	4	1	9	8	0	0	9	0	9	0	0	0	2

现金支票是专门用于支取现金的一种支票，由存款人签发，委托开户银行向收款人支付一定数额的现金。开户单位应按现金的开支范围签发现金支票，其付款方式是见票即付。现金支票由支票正联、支票正联背面和存根联组成。

一、填写现金支票的基本要求

（1）必须使用碳素墨水填写，不得使用蓝色或红色墨水、圆珠笔和铅笔填写；按支票号码顺序填写，书写要清晰，不得潦草。

（2）支票出票日期必须使用规范的中文大写填写。为防止变造票据的出票日期，在填写月、日时，月为壹、贰和壹拾的，日为壹至玖和壹拾、贰拾、叁拾的，应在其前加“零”；日为拾壹至拾玖的，应在其前面加“壹”。如2月12日，应写成零贰月壹拾贰日；10月20日，应写成零壹拾月零贰拾日。票据出票日期使用小写填写的，银行不予受理。大写日期未按要求规范填写的，银行可予受理，但由此造成损失的，由出票人自行承担。

（3）支票金额以中文大写和阿拉伯数码同时记载，二者必须一致，中文大写金额应用正楷和行书填写，大写金额应紧接“人民币”字样填写，不得留有空白。

（4）若不慎写错，不得更改，必须作废重填，在该页上注明“作废”字样，妥善保存备查，不得撕毁。

（5）支票填妥后，须加盖本单位预留银行一致的印鉴后方有效，银行预留印鉴一般为本单位财务专用章、法定代表人章或其授权代理人章。

（6）支票的金额、出票或者签发日期、收款人名称不得更改，更改的支票无效；其他记载事项更改必须加盖预留银行印鉴之一证明。

（7）支票一律记名，即签发的支票必须注明收款人的名称。

（8）支票的有效期限为10天，有效期自签发的次日算起，到期日遇节假日顺延。过期支票银行不予受理，支票自动作废。

二、支票正联正面填写方法

（1）出票日期：应填写开票当天日期，日期必须使用中文大写。

（2）收款人：应填写收款单位全称，并与银行预留印鉴名称一致。

（3）付款行名称：填写付款单位开户银行的名称。

（4）出票人账号：填写付款单位在开户银行的账号。

（5）金额：大写按规范填写，大小写金额应当一致，在小写最高位前一格填写人民币符号“¥”。

（6）用途：填写所提取现金用途。

（7）小写金额正下方的空格栏：采用支付密码的，可在此填写支付密码。

（8）出票人签章：应加盖银行预留印鉴，加盖印鉴时要清晰有力。

三、支票正联背面填写方法

（1）收款人签章：加盖与支票正面相同的印章。

（2）年、月、日：用小写填写提取现金的当日。

（3）身份证件名称：一般为提款人身份证件（如身份证、军官证等）。

（4）发证机关：填写提款人身份证件上注明的发证机关名称。

（5）号码：填写提款人身份证件的号码。

上述（3）、（4）、（5）仅适用于收款人为个人的情况。即若收款人为法人的，无须填写。

（6）附加信息：可填写需要说明的有关事项。

四、支票存根联填写方法

（1）附加信息：与正联背面所填内容相同。

（2）出票日期：用小写填写与正联相同的日期。

（3）收款人：与正联所填相同。

（4）金额：用小写填写与正联相同的金额。

（5）用途：与正联所填相同。

（6）单位主管、会计：由单位财务负责人、会计签名或盖章。

现金支票填妥后存根联留作本单位记账的凭证，撕下正联加盖预留银行印鉴后交于收款人。

五、现金提取业务处理程序

（1）签发现金支票。

（2）办理银行取款业务。

（3）当场清点现金。

（4）编制记账凭证。

（5）登记现金日记账。

任务实施

对于提现业务，出纳李胜做了如下工作。

1. 签发支票

李胜按支票填写要求认真填好支票。

2. 将支票交于银行办理付款

出纳李胜将支票交银行审查，银行经办人员核对密码或预留印鉴后，办理规定的付款手续。

3. 清点现金

收到银行给付的现金时，当面清点现金数量。

4. 编制记账凭证

出纳李胜将现金支票存根交会计张小，编制记账凭证（见表 3-8）。

表 3-8

记 账 凭 证

2015 年 3 月 15 日　　　　记 字 第 2 号

摘要	会计科目		借方金额									贷方金额									记账	
	总账科目	明细科目	百	十	万	千	百	十	元	角	分	百	十	万	千	百	十	元	角	分	（签章）	
提现	库存现金					3	0	0	0	0	0										√	附
	银行存款														3	0	0	0	0	0		件
																						1
																						张
合　计					¥	3	0	0	0	0	0			¥	3	0	0	0	0	0		

财务主管：王红　　记账：陈艳　　出纳：李胜　　审核：王红　　制单：张小

5. 登记现金日记账（见表 3-9）

表 3-9

现金日记账

2015年		凭证		票据号数	摘要	借方								贷方								余额								√
月	日	字	号			十	万	千	百	十	元	角	分	十	万	千	百	十	元	角	分	十	万	千	百	十	元	角	分	
3	1				期初余额																			8	5	0	0	0	0	
3	13	记	1		存现											4	5	7	0	0	0			3	9	3	0	0	0	
3	15	记	2		提现			3	0	0	0	0	0											6	9	3	0	0	0	

想一想

2015 年 7 月 18 日，出纳人员从开户银行提取 23 000 元现金，用于发放职工防暑费。你能试一试填写一张现金支票吗？

中国工商银行

现金支票存根（湘）

DH02251616

附加信息

出票日期　年　月　日

收款人：

金　额：

用　途：

单位主管　会计

本支票付款期限十天

中国工商银行 现金支票（湘）　DH 02251616

出票日期（大写）　年　月　日　付款行名称：

收款人：　出票人账号：

人民币（大写）	百	十	万	千	百	十	元	角	分

用途

上列款项请从

我账户内支付

出票人签章　复核　记账

附加信息：

收款人签章

年　月　日

身份证件名称：　发证机关：

号码

任务三　现金收付业务

子任务一　现金收入业务处理

任务导入

2015 年 3 月 17 日，出纳人员李胜收到员工赵岚交回的差旅费余款 623.50 元。出纳李胜应如何按规定处理现金收入业务呢？

知识链接

一、现金收入的来源

1. 经营业务收入

经营业务收入指单位出售商品、产品、材料等物资或提供劳务、业务咨询、信息或从事固定资产出租、包装物出租、运输劳务等没有通过转账结算的现金收入。

2. 非经营业务收入

非经营业务收入指单位对外发生的除经营业务以外的非经营业务所取得的投资收入、罚款收入、处置固定资产收益、出售无形资产收益、对外索赔收入等没有通过转账结算的营业外收入。

3. 预收现金款项

预收现金款项指收到的购货或接受劳务单位或个人用现金预交的货款、劳务款或定金。现行会计制度规定，收到预收的现金款项应通过“预收账款”进行核算，预收款项业务不多的单位可不设“预收账款”，而设置“应收账款”来组织核算。

4. 其他现金收款业务

其他现金收款业务是指向有关单位或个人收取的不属于以上收入的款项，包括单位职工报销差旅费或借用备用金退还的余款，向有关单位或个人收取押金、赔款及向职工收回的各种代垫款项。按照现行会计制度的规定，这些款项应通过“其他应收款”、“其他应付款”进行核算。

二、现金收入业务的原始凭证

1. 发票

发票指单位和个人在购销商品、提供或接受劳务、服务以及从事其他经营活动，开具、收取的收付款的书面证明。它是财务收支的法定凭证和会计核算的原始依据，也是税务机关进行税务稽查的重要依据。发票分为增值税专用发票、普通发票、专业发票等。

2. 收款收据

收款收据是与单位内部职能部门或职工个人之间的现金来往及与外部单位和个人之间的非经营性现金来往而开具的收款收据。内部收据一般由各单位根据自己的需要设计或印刷，或向商店购买，无须到税务部门领购。

三、现金收入业务处理程序

（1）审核收款凭据。审核内容是否真实、准确、完整；现金收入是否合理、合法；手续是否齐备等。

（2）清点现金。与交款人当面清点现金，检查货币真伪，做到收付两清、一笔一清。

（3）开具销售发票或收据。现款清点无误后，开具销售发票或收据，并在凭据上加盖“现金定付讫”章及发票专用章或财务专用章。

（4）编制记账凭证。根据收款收据记账联或收款依据，由会计编制收款凭证。

（5）登记现金日记账。出纳根据审核无误的记账凭证登记现金日记账。

总之，收入现金应根据款项的性质开具收款收据，并必须坚持先收款后开收据的原则。

任务实施

李胜对交回的多余预借的差旅费做了如下工作。

1. 审核收款凭据

出纳李胜对交回的差旅费余额进行审核，核对余款是否与预借的差旅费和实际报销金额的差额一致。

2. 清点现金

当场清点现金数量，并检查货币的真伪性。

3. 填制收款收据

出纳李胜根据实收现金填写一式三联的现金收款收据，并在第二联回执联上加盖财务专用章后交于交款人作为收执；剩余的第一联存根联和第三联（见表 3-10）留存企业，并交会计张小审核。

表 3-10

收 款 收 据

2015年 3月 17日　　　　NO.1

交款人（单位）	赵岚							
摘　　要	交回多余的预借差旅费　现金收讫　财务专用章							
金额（大写）	人民币陆佰贰拾叁元伍角整	万	千	百	十	元	角	分
			¥	6	2	3	5	0

收款人：李胜　　复核：张小　　开票人：李胜　　收款单位盖章：

4. 编制记账凭证

出纳李胜将收款收据的第三联记账联交会计张小编制记账凭证（见表 3-11）。

表 3-11

记 账 凭 证

2015 年　3　月　17日　　　　记 字 第 3 号

摘　要	会计科目		借方金额									贷方金额									记账（签章）	附件 1 张
	总账科目	明细科目	百	十	万	千	百	十	元	角	分	百	十	万	千	百	十	元	角	分		

续表

摘　要	会计科目		借方金额									贷方金额									记账
	总账科目	明细科目	百	十	万	千	百	十	元	角	分	百	十	万	千	百	十	元	角	分	（签章）
	其他应收款	赵岚														6	2	3	5	0	
合　　计						¥	6	2	3	5	0				¥	6	2	3	5	0	

财务主管：王红　　记账：陈艳　　出纳：李胜　　审核：王红　　制单：张小

5. 登记现金日记账（见表 3-12）

表 3-12

现金日记账

2015 年		凭证		票据号数	摘要	借方								贷方								余额								✓
月	日	字	号			十	万	千	百	十	元	角	分	十	万	千	百	十	元	角	分	十	万	千	百	十	元	角	分	
3	1				期初余额																			8	5	0	0	0	0	
3	13	记	1		存现											4	5	7	0	0	0			3	9	3	0	0	0	
3	15	记	2		提现			3	0	0	0	0	0											6	9	3	0	0	0	
3	17	记	3		收预借差旅费余款				6	2	3	5	0											7	5	5	3	5	0	

想一想

2015 年 5 月 1 日，出纳人员李晓收到员工许立交回的仓库残料的变价出售收入 675.50 元。试开具一份收款收据。

收 款 收 据

年　月　日　　　　NO：3

<table>
<tr><td>交款人（单位）</td><td colspan="8"></td><td rowspan="4">第三联　记账联</td></tr>
<tr><td>摘　要</td><td colspan="8"></td></tr>
<tr><td rowspan="2">金额（大写）</td><td rowspan="2"></td><td>万</td><td>千</td><td>百</td><td>十</td><td>元</td><td>角</td><td>分</td></tr>
<tr><td></td><td></td><td></td><td></td><td></td><td></td><td></td></tr>
</table>

收款人：　　复核：　　开票人：　　收款单位盖章：

子任务二　现金支付业务的处理

任务导入

2015 年 3 月 18 日，企业销售部王成出差，预借差旅费 5 000 元，经审核后出纳李胜以现金支付。出纳李胜应如何按规定进行现金支付业务处理呢？

知识链接

一、现金支付的基本业务

根据《现金管理暂行条例》及《现金管理暂行条例实施办法》的规定，各单位只能在规定范围内支付现金，除允许以现金支付的外，其余款项的支付都必须通过银行办理转账结算。因此，各单位必须严格按照现金管理制度的规定使用现金，主要有如下几项业务。

1. 工资发放业务

工资发放业务指向本单位职工发放工资的业务。

2. 费用借支和报销业务

费用借支和报销业务指差旅费借支和报销及其他费用报销等业务。

3. 备用金业务

备用金业务指向单位内部和个人支付备用金的业务。

4. 其他支付业务

其他支付业务指各单位在日常工作中所发生的不属于以上支付范围的业务，包括向其他单位支付押金业务，为本单位职工代垫、代付有关款项的业务，职工生活困难补助的支付，以及其他结算起点（1 000 元）以下需利用现金结算的款项。

二、现金支付业务的原始凭证

各单位常用的现金付款原始凭证有如下几种。

1. 借款单

借款单是各单位内部所属机构或职工个人向出纳人员借款时使用的借款凭证，一般适用于单位内部机构购买零星办公用品或物品，因出差或其他临时需要等原因的借款。

2. 工资表

工资表是各单位按月向职工支付工资的原始凭证。各单位根据工资制度和本单位的工资计算方法自行设计印制工资表。

3. 费用报销单

费用报销单是各单位内部有关人员为单位购买零星物品，接受外单位或个人劳务或服务而办理报销业务，以及单位的职工向单位办理托保费、医疗费报销等使用的单据。

4. 差旅费报销单

差旅费报销单是各单位出差人员根据车票、飞机票、住宿发票等外来凭证填制的用来报销差旅费和出差补贴费的原始凭证，它是报销单的一种特殊形式。

5. 领款收据

领款收据是本单位职工向单位领取各种非工资性奖金、津贴、补贴、劳务费和其他各种现金款项；其他单位和个人向本单位领取各种劳务费、服务费时填制的作为付款单位现金付款凭据的原始凭证。

三、现金支付业务处理程序

（1）审核原始单据的合法性、完整性、真实性。

（2）在审核无误的原始单证上加盖“现金付讫”印章。如果是由收款人直接领取现金的，由其本人签收；如果是他人代为领款的，应在得到当事人的确认后，方可由代领人签收，并注明“××× 代 ××× 领款”字样，以明确双方责任。

（3）支付现金并进行复点，同时要求收款人当面点清、当面确认。

（4）根据审核无误并加盖“现金付讫”的原始单据，由会计据以编制记账凭证。

（5）登记现金日记账。

任务实施

出纳李胜对支付王成借款做了如下工作。

1. 审核借款单

出纳李胜仔细审核经办人员填写的借款单，借款事由是否符合现金支付的范围；审核借款单是否按照企业相关财务会计制度的规定，依次经部门主管审核、财务主管等有关领导审批。在审核无误后，在一式三联的借款单（见表 3-13）上加盖“现金付讫”章。

表 3-13

借　款　单

2015年 3月 18日

部　门	销售部	姓　名	王成	职　务	科长
借款原因	出差		领导审批	同意借款　李晶	
借款金额	人民币（大写）伍仟元整	现金付讫		¥5 000.00	
借款人签名			王　成		

财务主管：王红　　　　出纳：李胜

2. 支付现金

出纳李胜按照借款单上填列的借款金额，支付现金并进行复点；同时将借款金额和借款单的第二联交于经办人王成，要求其当面点清。

3. 编制记账凭证

出纳李胜将审核无误的借款单第三联交会计张小审核，用于编制记账凭证（见表 3-14）。

表 3-14

记 账 凭 证

2015 年 3 月 17 日　　　　记字第 4 号

摘　要	会计科目		借方金额									贷方金额									记账
	总账科目	明细科目	百	十	万	千	百	十	元	角	分	百	十	万	千	百	十	元	角	分	（签章）
借支差旅费	其他应收款	王成				5	0	0	0	0	0										
	库存现金														5	0	0	0	0	0	√
合　　计					¥	5	0	0	0	0	0			¥	5	0	0	0	0	0	

附件 1 张

财务主管：王红　　记账：陈艳　　出纳：李胜　　审核：王红　　制单：张小

4. 登记现金日记账（见表 3-15）

表 3-15

2015年		凭证		票据号数	摘要	借方								贷方								余额								√
月	日	字	号			十	万	千	百	十	元	角	分	十	万	千	百	十	元	角	分	十	万	千	百	十	元	角	分	
3	1				期初余额																			8	5	0	0	0	0	
3	13	记	1		存现											4	5	7	0	0	0			3	9	3	0	0	0	
3	15	记	2		提现			3	0	0	0	0	0											6	9	3	0	0	0	
3	17	记	3		收预借差旅费余款				6	2	3	5	0											7	5	5	3	5	0	
3	18	记	4		借支差旅费											5	0	0	0	0	0			2	5	5	3	5	0	

想一想

2015 年 3 月 12 日，销售人员王云出差归来报销差旅费，向出纳人员李晓递交“差旅费报销单”，其中杭州—广州、广州—杭州机票各一张，计 3 800 元；市内交通费 300 元；住宿费 1 000 元；邮电办公费 150 元；伙食补贴 30 元一天，共 8 天，总计 240 元；报销总金额 5 490 元。

你认为应如何处理这项业务呢？

差旅费报销单

单位名称：　　　　　　　　　　　　　　　填报日期：　　年　月　日　　　　　　　　　单位：元

<table>
<tr><td colspan="2">姓名</td><td></td><td>职务</td><td colspan="2"></td><td>出差事由</td><td></td><td>出差时间</td><td colspan="2"></td></tr>
<tr><td colspan="2">日期</td><td colspan="2">起 止 地 点</td><td colspan="2">飞机、车、船票</td><td colspan="5">其　他　费　用</td></tr>
<tr><td>月</td><td>日</td><td>起</td><td>止</td><td>类别</td><td>金额</td><td colspan="2">项　目</td><td>标准</td><td>计算天数</td><td>核报金额</td></tr>
<tr><td></td><td></td><td></td><td></td><td></td><td></td><td rowspan="2">住宿费</td><td>包干报销</td><td></td><td></td><td></td></tr>
<tr><td></td><td></td><td></td><td></td><td></td><td></td><td>限额报销</td><td></td><td></td><td></td></tr>
<tr><td></td><td></td><td></td><td></td><td></td><td></td><td colspan="2">伙 食 补 助 费</td><td></td><td></td><td></td></tr>
<tr><td></td><td></td><td></td><td></td><td></td><td></td><td colspan="2">车、船 补 助 费</td><td></td><td></td><td></td></tr>
<tr><td></td><td></td><td></td><td></td><td></td><td></td><td colspan="2">其　他　杂　支</td><td></td><td></td><td></td></tr>
<tr><td colspan="5">小　计</td><td></td><td colspan="4">小　计</td><td></td></tr>
<tr><td colspan="3">总计 金额（大写）</td><td colspan="4">仟　佰　拾　元　角　分</td><td colspan="4">预支____核销____退补____</td></tr>
</table>

主管：　　　　　　审核：　　　　　　出纳：　　　　　填报人：

任务四　库存现金的清查及对清查结果的处理

任务导入

2015 年 3 月 31 日 16 时，会计张小进行现金清查，出纳李胜和财务主管王红均在场，盘点库存现金中有 4 张 100 元、10 张 50 元、25 张 20 元、46 张 10 元、25 张 5 元、98 枚 1 元、14 枚 5 角和 12 枚 1 角。当日库存现金的账面余额为 2 151.20 元。在清查中，出纳李胜要做哪些工作才能确认库存现金是否账款相符呢？如果不符，将如何处理呢？

知识链接

一、库存现金清查的方法

库存现金清查是指对库存现金的盘点与核对，包括出纳人员每天营业终了进行的现金账款核对与清查小组进行的定期和不定期的现金盘点、核对。

库存现金清查一般采用实地盘点法。清查小组清查时，出纳人员必须在场。清查的内容主要包括：检查是否有挪用现金、白条抵库、超限额留存现金及账款是否相符等。出纳人员应将到清查时为止的收付款项，根据有关收付款凭证全部登记入账，并结出余额；同时将保管的现金整理就绪，以备查对。清查中，清查人员应在出纳人员在场时清点现金、核对账款；对现金清查的结果，应编制“现金盘点报告表”（见表 3-16），注明现金溢缺的金额，并由出纳人员和盘点人员签字盖章。如果发现有挪用现金、白条抵库情况，应及时予以纠正；对于超限额留存的现金要及时送存银行；若出现账款不符，待查明原因后分别按不同的情况进行调整，保证账款相符。

二、对现金清查结果的处理

根据“现金盘点报告表”，进行现金溢余或短缺的核算。对现金溢余或短缺应通过“待处理财产损溢”科目核算。

“待处理财产损溢”属于资产类账户，借方登记现金短缺的实际发生额和现金溢余的转销数；贷方登记现金溢余实际发生额和现金短缺的转销数；期末结转后一般无余额。

三、库存现金清查业务处理程序

（1）清点现金。

（2）填写现金盘点报告表。

（3）编制盘亏或盘盈的记账凭证。

（4）盘点差异的处理。

（5）编制盘点差异处理的记账凭证。

（6）登记现金日记账。

任务实施

在清查中出纳李胜做了如下工作。

1. 清点现金

将保险柜中的现金按不同的面额、币种分别清点整理。纸币平铺整齐，将不同面额的纸币按100张为一把进行清点扎把，不够整把的，按从大额到小额的顺序整理。整理铸币时，将面额为1元、5角和1角的硬币分别按每50枚用纸卷成一卷，不足一卷的按照大额到小额的顺序整理。

2. 填制现金盘点报告表

按实际清点的现金数量和币别填制现金盘点报告表（见表3-16）。填写完成后，出纳李胜、盘点人（一般为会计人员）张小和财务主管王红对盘点结果予以确认，确认无误后签字。同时将盘点差异的处理意见，依次由财务主管、主管经理和总经理审批。

表 3-16

现金盘点报告表

面 值	数 量	金 额	主管审批	总经理：
100元	4	400.00		按制度相关规定处理，追究出纳人员的责任。
50元	10	500.00		
20元	25	500.00		李晶

续表

面值	数量	金额	主管审批	
10元	46	460.00		
5元	25	125.00		主管经理：
1元	98	98.00		按制度相关规定处理，追究出纳人员的责任。
5角	14	7.00		
2角	-	-		成东
1角	12	1.20		
合计		2 091.20		
其他项目				财务主管：
未报销费用				按制度相关规定处理，追究出纳人员的责任。
借支				
总计		2 091.2		王红
账面数		2 151.2		
盘点盈亏		-60		

上列款项于3月31日16时盘点，盘点时本人在场，并如数归还无误。

保管人：李胜　　财务主管：王红　　盘点人：张小

3. 交由会计张小编制盘亏业务的记账凭证（见表3-17）

表3-17

记 账 凭 证

2015 年 3 月 31日　　记 字 第 49 号

摘要	会计科目		借方金额									贷方金额									记账
	总账科目	明细科目	百	十	万	千	百	十	元	角	分	百	十	万	千	百	十	元	角	分	(签章)
现金盘亏	待处理财产损溢	待处理流动资产损溢						6	0	0	0										
	库存现金																6	0	0	0	√
合计							¥	6	0	0	0					¥	6	0	0	0	

附件 1 张

财务主管：王红　　记账：陈艳　　出纳：李胜　　审核：王红　　制单：张小

4. 根据盘点差异的处理意见，追究出纳李胜保管不善的责任（见表3-18）

会计张小当日收到出纳李胜赔偿的人民币60元，并开具现金收款收据，第二联回执联加盖财务章后交于李胜作为收执，剩余的第一联存根联和第三联记账联留存企业，并交于会计主管审核。

表 3-18

收 款 收 据

2015 年 3 月 31 日　　　　NO：7

交款人（单位）	李胜							
摘　　要	上缴赔偿款							
金额（大写）	人民币陆拾元整　现金收讫	万	千	百	十	元	角	分
				¥	6	0	0	0

第三联　记账联

收款人：张小　　复核：王红　　开票人：张小　　收款单位盖章：财务专用章

5. 会计张小编制盘点差异处理的记账凭证（见表 3-19）

表 3-19

记 账 凭 证

2015 年 3 月 31日　　　　记 字 第 50 号

摘　要	会计科目		借方金额									贷方金额									记账
	总账科目	明细科目	百	十	万	千	百	十	元	角	分	百	十	万	千	百	十	元	角	分	（签章）
收到赔偿款	库存现金							6	0	0	0										√
	待处理财产损溢	待处理流动资产损溢															6	0	0	0	
合　　计							¥	6	0	0	0					¥	6	0	0	0	

附件 1 张

财务主管：王红　　记账：陈艳　　出纳：李胜　　审核：王红　　制单：张小

6. 登记现金日记账（见表 3-20）

表 3-20

现金日记账

2015年		凭证		票据号数	摘要	借方								贷方								余额								√
月	日	字	号			十	万	千	百	十	元	角	分	十	万	千	百	十	元	角	分	十	万	千	百	十	元	角	分	
3	1				期初余额																			8	5	0	0	0	0	
3	13	记	1		存现											4	5	7	0	0	0			3	9	3	0	0	0	
3	15	记	2		提现			3	0	0	0	0	0											6	9	3	0	0	0	
3	17	记	3		收预借差旅费余款				6	2	3	5	0											7	5	5	3	5	0	

续表

2015年		凭证		票据	摘要	借			方					贷			方					余			额					√
月	日	字	号	号数		十	万	千	百	十	元	角	分	十	万	千	百	十	元	角	分	十	万	千	百	十	元	角	分	
3	18	记	4		借支差旅费											5	0	0	0	0	0			2	5	5	3	5	0	
3	31	记	49		现金盘亏													6	0	0	0			7	4	9	3	5	0	
3	31	记	50		收到赔偿款					6	0	0	0											7	5	5	3	5	0	
3	31				本月合计		9	3	6	8	3	5	0		9	4	6	3	0	0	0			7	5	5	3	5	0	

想一想

国美公司出纳员小王由于刚参加工作不久，对于货币资金业务管理和核算的相关规定不甚了解，所以出现一些不应有的错误，有件事情让他印象深刻，至今记忆犹新。在2015年3月8日和10日两天的现金业务结束后例行的现金清查中，分别发现现金短缺50元和现金溢余20元的情况，对此他经过反复思考也弄不明白原因。为了保全自己的面子，同时又考虑到两次账实不符的金额又很小，他决定采取下列办法进行处理：现金短缺50元，自掏腰包补齐；现金溢余20元，暂时收起。

问题：

（1）小王对上述业务的处理是否正确？为什么？

（2）你能给出正确答案吗？

项目小结

现金管理是指对现金收、付、存的管理，在现金管理活动中应当根据现金管理制度的规定，加强对现金日常收付的管理、库存现金限额的管理、大额现金支付登记备案的管理等。

现金收入业务是企业在其生产经营和非生产经营活动中取得现金的业务，对现金收入业务应当按规定的流程处理，认真填制并审核原始凭证，按会计制度规定进行现金收入业务的核算。

现金支付业务是企业在其生产经营和非生产经营性业务过程中向外支付现金的业务。对现金支付业务应当按规定的流程处理，认真填制并审核原始凭证，按会计制度规定进行现金支付业务的核算。

不论是现金收入业务还是现金支付业务，出纳人员都应登记现金日记账并进行库存现金的账实核对。现金清查是指库存现金盘点与核对。现金清查一般采用实地盘点法，对清查中账款不符的，应查明原因，及时进行调整，以保证账款相符。

项目综合训练

一、单选题

1．下列项目中，可以直接用现金支付的是（　　）。

A．上缴税金　　B．支付职工津贴

C．购买固定资产　　D．偿还银行借款

2．根据《现金管理暂行条例》的要求，结算起点为（　　）。

A．2 000 元以下　　B．1 000 元

C．大于 1 000 元　　D．1 000 元以上

3．出纳收付款后，必须在（　　）上加盖“现金收讫”和“现金付讫”印章。

A．付款凭证　　B．收款凭证

C．原始凭证　　D．记账凭证

4．库存现金的限额按规定一般应为（　　）。

A．3～5 天日常需要量　　B．5 000 元

C．不超过 1 个月需要量　　D．按银行存款的 10% 计算确定

5．库存现金限额是指国家规定由（　　）给各单位核定一个保留现金的最高额度。

A．金融机构　　B．开户单位

C．开户银行　　D．商业银行

6．库存现金限额（　　）核定一次。

A．每月　　B．每半年

C．每年　　D．每季

7．下列关于库存现金收支的规定，错误的是（　　）。

A．库存现金收入应当于当日送存银行

B．各单位可以从本单位的库存现金收入中直接支付库存现金

C．一切现金收支必须有合法的原始凭证

D．企业在规定范围内从银行提取库存现金，应当写明用途由本单位会计部门负责人签字盖章，开出现金支票，经银行审核后予以支付

8．开户单位从本单位的现金收入中直接支付现金，称为（　　）。

A．坐支　　B．预支　　C．支付　　D．垫付

9．根据《支付结算办法》的规定，支票的提示付款期限为出票日起（　　）日内。

A．3　　B．5　　C．10　　D．15

10．现金清查的方法是（　　）。

A．实地盘点法　　B．技术推算盘点法

C．账目核对法　　D．复核法

11．对现金进行盘点时，（　　）必须在场。

A．会计人员　　B．出纳人员

C．单位负责人　　D．上级主管单位财务负责人

12．对现金进行盘点时，盘点结果应编制的原始凭证是（　　）。

A．盘存单　　B．账存实存对比表

C．库存现金盘点表　　D．银行对账单

13．下列不符合现金管理内部控制制度的是（　　）。

A．出纳员登记现金日记账　　B．出纳员负责稽核

C．出纳员每日盘点现金　　D．出纳员管理现金

14．出纳人员支出货币资金的依据是（　　）。

A．收款凭证　　B．付款凭证

C．转账凭证　　D．原始凭证

15．单位如果预收款项业务不多可不设“预收账款”，而设置（　　）来组织核算。

A．应付账款　　B．预付账款

C．应收账款　　D．其他应收款

16．2015 年 10 月 10 日，因零星支付需要，甲公司出纳人员在当日填写现金支票从开户银行提取现金时，支票日期大写书写正确的是（　　）。

A．贰零壹伍年拾月拾日　　B．贰零壹伍年壹拾月壹拾日

C．贰零壹伍年拾月壹拾日　　D．贰零壹伍年零壹拾月零壹拾日

二、多选题

1．下列可以支付现金的业务是（　　）。

A．向个人收购农副产品　　B．购买机器设备

C．报销车费　　D．发放防暑降温费

2．下列（　　）事项可用现金结算。

A．王经理出差借支差旅费 5 000 元

B．购买原材料 2 000 元

C．向个人收购农产品 3 000 元

D．购买办公用品 60 元

3．根据内部控制制度的要求，出纳人员不得经办的是（　　）。

A．现金收付业务　　B．收入、费用类账目的登记

C．债权、债务类账目的登记　　D．各项业务的稽核

4．单位支付现金，可以（　　）。

A．坐支　　B．从库存现金限额中支付

C．从开户银行提取　　D．使用小金库

5．根据《大额现金支付登记备案规定》，开户单位，除（　　）外，支付大额现金数应逐笔登记，并到中国人民银行当地支行备案。

A．个人劳务报酬支出　　B．工资性支出

C．农副产品采购　　D．借款合同的贷款支出

6．现金日常零星开支需要量不包括（　　）。

A．每月发放的工资　　B．差旅费

C．商业和服务业的找零的备用金　　D．零星办公费支出

7．按照《现金管理暂行条例》的规定，（　　）属于现金收入的范围。

A．职工交回差旅费剩余款　　B．从银行提取现金

C．将现金送存银行　　D．收取结算起点以下的小额销货款

8．下列属于现金收入业务的原始凭证的是（　　）。

A．现金支票存根　　B．借款单

C．收款收据　　D．销售发票

9．下列属于现金支付业务的原始凭证的是（　　）。

A．现金缴款单　　B．借款单

C．领款收据　　D．差旅费报销单

10．现金清查的主要内容是（　　）。

A．检查是否有白条抵库　　B．检查是否有挪用现金

C．检查是否有超限额留存现金　　D．检查账款是否相符

三、判断题

1．现金管理就是对库存现金的收、付、存等各环节进行的管理。（　　）

2．个人劳务报酬、向个人收购农副产品和购买2 000元的原材料均可使用现金支付。（　　）

3．会计机构内部专职（或兼职）的出纳人员是库存现金保管的负责人。（　　）

4．超过库存限额以外的现金应在下班前送存银行。（　　）

5．开户单位应当建立健全现金账目，逐笔记载现金支付，账目应当日清月结、账款相符。（　　）

6．单位可以由一人办理货币资金业务的全过程。（　　）

7．收入现金应开具收款收据，并必须坚持先收款后开收据。（　　）

8．一切现金收付必须有合法的原始凭证。（　　）

9．一家单位在几家银行开户的，只能在一家银行开设现金结算户，支取现金，并由该家银行负责核定现金库存限额和进行现金管理检查。（　　）

10．库存现金限额每年核定一次，开户单位与开户银行协商核定库存现金限额。（　　）

11．只有当期现金收付款凭证全部登记完毕，才能办理现金日记账的结账手续。（　　）

12．无法查明原因的现金短缺，根据管理权限批准后记入“营业外支出”账户。（　　）

13．现金清查，是以实地盘点法核对库存现金实有数与账存数的。（　　）

14．盘点现金出现溢余，可以在“其他应付款”账户的贷方反映，待日后短缺时用于抵扣。（　　）

15．根据规定，收到预收的现金款项必须通过“应收账款”进行核算。（　　）

四、实操题

1．资料：经银行核定库存现金限额为9 000元；2014年12月31日，现金日记账余额为8 600元；2015年1月，发生以下收支业务。

（1）1月2日，采购员李明出差预借差旅费4 000元，以现金支付。（借款单）

（2）1月2日，以现金支付职工生活困难补助3 000元。（领据）

（3）1月6日，开出现金支票从工商银行提取现金8 000元。（现金支票）

（4）1月10日，办公室报销业务招待费4 650元，以现金支付。（费用报销单）

（5）1月10日，开出现金支票从工商银行提取现金65 866元，备发工资。（现金支票）

（6）1月10日，以现金65 866元发放职工工资。（工资结算汇算表）

（7）1月13日，零售产品一批，收到现金3 340元。（普通发票、现金缴款单、产品出库单）

（8）1 月 16 日，采购员李明出差回来报销差旅费：杭州—厦门、厦门—杭州机票两张，计 2 800 元；市内交通费 300 元，住宿费 600 元，邮电办公费 550 元，伙食补助 35 元一天计 105 元，报销总额 4 355 元，会计部门以现金补付 355 元。（差旅费报销单）

（9）1 月 20 日，以现金支付公司行政管理部门电话费 2 680 元。（费用报销单、电信部门发票）

（10）1 月 25 日，收到方芳交来出租包装物押金 1 020 元。（收据）

（11）1 月 28 日，拨付销售科张云定额备用金 2 000 元。（借款单）

（12）1 月 31 日，出纳人员盘点现金，进行账实核对。（现金盘点报告表）

2．要求：

（1）根据以上资料填制有关的原始凭证。

（2）根据以上资料编制记账凭证。

（3）根据审核无误的记账凭证登记现金日记账，并进行账实核对。

项目四

银行结算业务

知识目标

1. 掌握开户资料的准备及开户申请书的填写方法。
2. 掌握银行结算业务相关凭证的填写方法。
3. 掌握银行结算业务的处理程序。

能力目标

1. 能准确准备银行开户的相关资料。
2. 能正确填写开立、变更和撤销银行账户申请书。
3. 能准确签发银行结算凭证和办理银行结算业务。
4. 能正确进行银行结算业务的账务处理。

任务一　银行账户管理

子任务一　银行账户的开设

任务导入

湘潭市东风机械股份有限公司已经办理了营业执照、组织机构代码证和税务登记证，2015 年 3 月 1 日准备在中国工商银行湘潭市支行建设路分理处开立基本存款账户。出纳李胜应如何申请开立基本存款账户？

知识链接

一、银行账户管理的基本规定

凡在中华人民共和国境内开立人民币存款账户的机关、团体、部队、企业、事业单位、个体经济户和个人（以下简称存款人），以及银行和非银行金融机构（以下简称银行），必须遵守银行账户管理办法的规定。

（1）外汇存款账户的开立、使用和管理，按照国家外汇管理局颁发的外汇账户管理规定执行。

（2）存款人在其账户内应有足够资金保证支付。

（3）存款人在银行开立基本存款账户，实行由中国人民银行当地分支机构核发开户许可证制度。

（4）银行对存款人开立或撤销账户，必须向中国人民银行分支机构申报。

（5）存款人不得违反规定在多家银行机构开立基本存款账户。

（6）存款人不得在同一家银行的几个分支机构开立一般存款账户。

（7）存款人的账户只能办理存款人本身的业务活动，不得出租和转让账户。

（8）开户银行负责按本办法的规定对开立、撤销的账户进行审查，正确办理开户和销户，建立、健全开销户登记制度，建立账户管理档案，定期与存款人对账。

（9）开户银行对基本存款账户的撤销，一般存款账户、临时存款账户、专用存款账户的开立或撤销，应于开立或撤销之日起 7 日内向中国人民银行当地分支机构申报。

二、银行账户管理的基本原则

1. 一个基本账户原则

存款人在银行开立基本存款账户，实行由中国人民银行当地分支机构核发开户许可证制度。同时，存款人在其账户内必须有足够的资金，以保证支付。收付款双方在经济交往过程中，只有坚持诚实信用，交易一旦达成，才能保证各方经济活动的顺利进行。

2. 自愿选择原则

存款人自愿选择原则是指存款人可以自主选择银行开户，银行也可以自愿选择存款人；一经双方相互认可后，存款人应遵循银行结算的规定，而银行应保证存款人对资金的所有权和自主支配权不受侵犯。

3. 存款保密原则

银行必须依法为存款人保密，除国家法律规定和国务院授权中国人民银行总行的监督项目外，银行不代任何单位和个人查询、冻结存款人账户内的存款，以维护存款人资金的自主支配权。

4. 不垫款原则

银行在办理结算时只负责办理结算双方单位的资金转移，不为任何单位垫付资金。

三、开立银行账户的相关规定

企业在当地银行开设银行存款账户时，要按照银行的有关规定办理开户手续，填写银行开户申请书。银行存款账户分为基本存款户、一般存款户、临时存款户、专用存款户。基本存款户是存款人办理日常转账结算和现金收付的账户，存款人只能在银行开立一个基本存款户，存款人的工资、奖金等现金的支取，只能通过本账户办理。一般存款户是存款人在基本存款账户以外的银行借款转存、与基本存款账户的存款人不在同一地点的附属非独立核算单位开立的账户，存款人可以通过本账户办理转账结算和现金缴存，但不能办理现金支取。临时存款户是存款人因临时经营活动需要和设立外地临时机构开立的账户，办理转账结算和根据国家现金管理的规定办理现金收付。专用存款户是存款人因特定用途需要开立的账户，办理基本建设、更新改造和其他特定用途的需要专户管理的资金。

1. 基本存款账户的开户要求

根据《银行账户管理办法》的规定，下列存款人可以申请开立基本存款账户：① 企业法人；② 非法人企业；③ 机关、事业单位；④ 团级（含）以上军队、武警部队及分散执勤的支（分）队；⑤ 社会团体；⑥ 民办非企业组织；⑦ 异地常设机构；⑧ 外国驻华机构；⑨ 个体工商户；⑩ 居民委员会、村民委员会、社区委员会；⑪ 单位设立的独立核算的附属机构；⑫ 其他组织。存款人申请开立基本存款账户，应向银行出具法人代表身份证明（及其授权人身份证明）和国家质量技术监督局颁发的组织机构代码证书正本，企业法人应出具企业法人营业执照正本。此外，存款人为从事生产、经营活动纳税人的还应出具税务部门颁发的税务登记证。

2. 一般存款账户的开户要求

存款人申请开立一般存款账户，应向银行出具其开立规定的证明文件、基本存款账户开户许可证和下列证明文件：

（1）存款人因向银行借款需要，应出具借款合同。

（2）存款人因其他结算需要，应出具有关证明。

3. 临时存款账户的开户要求

存款人申请开立临时存款账户，应向银行出具下列证明文件：

（1）临时机构，应出具其驻在地主管部门同意设立临时机构的批文。

（2）异地建筑施工安装单位，应出具其营业执照正本或其隶属单位的营业执照正本和基本存款账户开户许可证，以及施工和安装地建设主管部门核发的许可证或建筑施工及安装合同。

（3）异地建筑施工及安装单位名称后加项目部名称，应出具项目部负责人的身份证件、建筑施工及安装单位授权该项目部开户的授权书，同时填写“建筑施工企业以建筑施工企业名称后加项目部名称开立临时存款账户申请书附页”。

（4）异地从事临时经营活动的单位，应出具其营业执照正本、临时经营地工商行政管理部门的批文和基本存款账户开户许可证。

（5）注册验资资金，应出具工商行政管理部门核发的企业名称预先核准通知书或有关部门的证明。

4. 专用存款账户的开户要求

存款人开立专用存款账户，应出具其开立基本存款账户规定的证明文件、基本存款账户开户许可证和下列证明文件：

（1）基本建设资金、更新改造资金、政策性房地产开发资金、住房基金、社会保障基金，应出具主管部门批文。

（2）财政预算外资金，应出具财政部门的证明。

（3）粮、棉、油收购资金，应出具主管部门批文。

（4）单位银行卡备用金，应按照中国人民银行批准的银行卡章程的规定出具有关证明和资料。

（5）证券交易结算资金，应出具证券公司或证券管理部门的证明。

（6）期货交易保证金，应出具期货公司或期货管理部门的证明。

行家提示：根据《银行账户管理办法》的有关规定，存款人申请开立银行结算账户（基本存款账户）时，应填制开户申请书，提供规定的证明文件；银行应对存款人的开户申请书填写的事项和证明文件的真实性、完整性、合规性进行认真审查，并将审查后的存款人提交的上述文件和审核意见等开户资料报送中国人民银行当地分支行，经其核准后办理开户手续。中国人民银行应于两个工作日内对银行报送的基本存款账户的开户资料的合规性及唯一性进行审核，符合开户条件的，予以核准；不符合开户条件的，应在开户申请书上签署意见，连同有关证明文件一并退回报送银行。

任务实施

湘潭市东风机械股份有限公司向银行申请开立基本存款户的程序如下。

1. 准备开户资料

（1）企业法人代表李晶的个人居民身份证原件及三份复印件。

（2）组织机构代码证正本（见图 4-1）原件及三份复印件。

（3）企业法人营业执照正本（见图 4-2）原件及三份复印件。

（4）税务部门颁发的国税、地税税务登记证（见图 4-3）。

（5）印鉴卡。

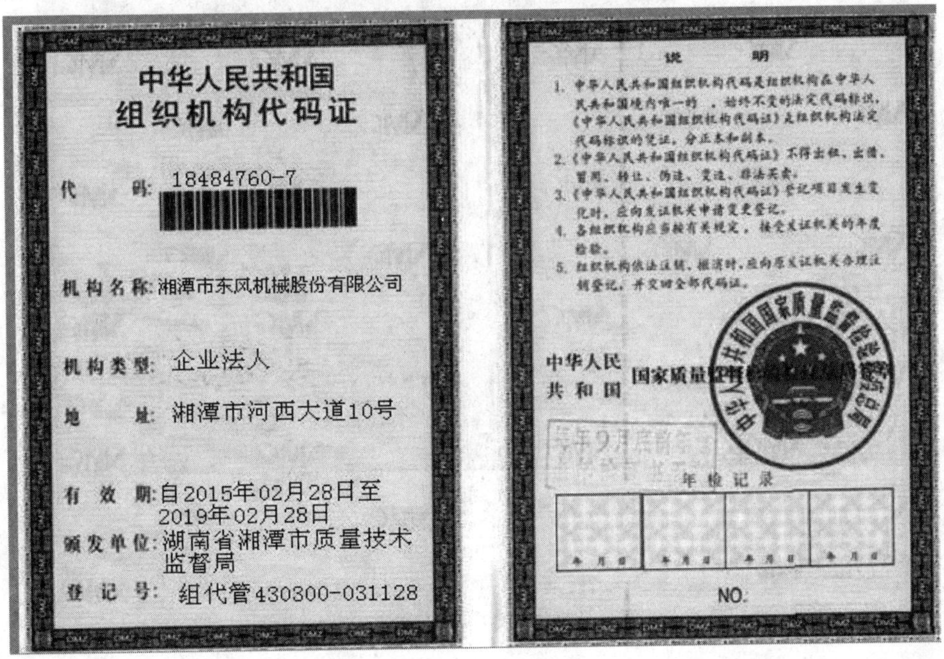

图 4-1　组织机构代码证

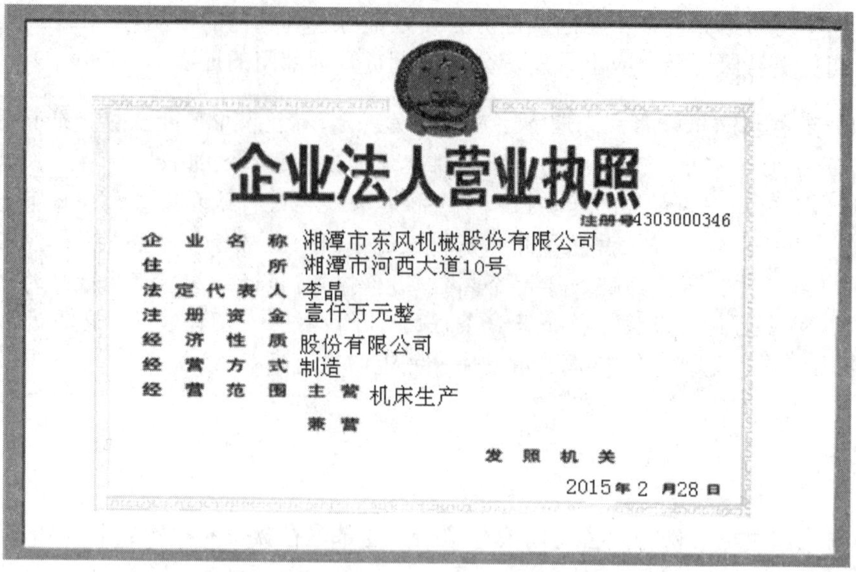
企业法人营业执照

注册号4303000346

企业名称 湘潭市东风机械股份有限公司
住所 湘潭市河西大道10号
法定代表人 李晶
注册资金 壹仟万元整
经济性质 股份有限公司
经营方式 制造
经营范围 主营 机床生产
兼营

发照机关

2015年2月28日

图 4-2 企业法人营业执照

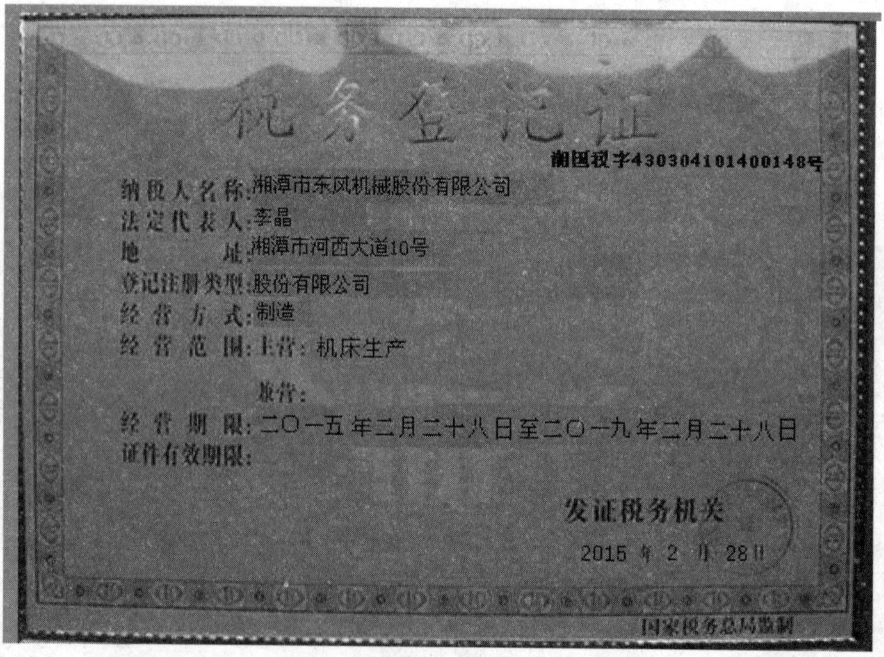
税务登记证

湘国税字430304101400148号

纳税人名称:湘潭市东风机械股份有限公司
法定代表人:李晶
地址:湘潭市河西大道10号
登记注册类型:股份有限公司
经营方式:制造
经营范围:主营:机床生产
兼营:
经营期限:二〇一五年二月二十八日至二〇一九年二月二十八日
证件有效期限:

发证税务机关

2015年2月28日

国家税务总局监制

图 4-3 税务登记证

2. 填写开户申请书

正确填写一式三联的开户申请书（见表 4-1）。

表 4-1

开立单位银行结算账户申请书

存款人	**湘潭市东风机械股份有限公司**	电话	0731-54321000
地址	**湘潭市河西大道10号**	邮编	411100
存款人类别		组织机构代码	18484760-7
法定代表人（ ） 单位负责人（ ）	姓名	**李晶**	
	证件种类	**身份证**	
行业分类	A（ ）B（ ）C（✓）D（ ）E（ ）F（ ）G（ ）H（ ）I（ ）J（ ）K（ ）L（ ）M（ ）N（ ） O（ ）P（ ）Q（ ）R（ ）S（ ）T（ ）		
注册资金	**人民币1000万元**	地区代码	
经营范围	**机床生产**		
证明文件种类	**营业执照**	证明文件编号	4303000346
税务登记证编号（国税或地税）	**国税字430304101400148号**		
关联企业	关联企业信息填列在“关联企业登记表”上		
账户性质	基本（ ✓ ）一般（ ）专用（ ）临时（ ）		
资金性质	**自有**	有效日期至	*2019*年*2*月*28*日

以下为存款人上级法人或主管单位信息：

上级法人或主管单位名称			
基本存款账户开户许可证核准号		组织机构代码	
法定代表人（ ） 单位负责人（ ）	姓名		
	证件种类		
	证件号码		

以下栏目由开户银行审核后填写：

开户银行名称		开户银行机构代码	
账户名称		账号	
基本存款账户开户许可证核准号		开户日期	
本存款人申请开立单位银行结算账户，并承诺所提供的开户资料真实、有效。 湘潭市东风机械股份有限公司 存款人（公章） 2015年3月1日	开户银行审核意见： 经办人（签章） 存款人（签章） 年 月 日	人民银行审核意见： 经办人（签章） 人民银行（签章） 年 月 日	

填列说明：

① 申请开立临时存款账户，必须填列有效日期；申请开立专用存款账户，必须填列资金性质。

② 该行业标准由银行在营业场所公告，“行业分类”中各字母代表的行业种类如下：A：农、林、牧、渔业；B：采矿业；C：制造业；D：电力、燃气及水的生产供应业；E：建筑业；F：交通运输、仓储和邮政业；G：信息传输、计算机服务及软件业；H：批发和零售业；I：住宿和餐饮业；J：金融业；K：房地产业；L：租赁和商务服务业；M：科学研究、技术服务和地质勘查业；N：水利、环境和公共设施管理业；O：居民服务和其他服务业；P：教育业；Q：卫生、社会保障和社会福利业；R：文化、教育和娱乐业；S：公共管理和社会组织；T：其他行业。

③ 带括号的选项填“√”。

3. 提交中国人民银行核准，领取开户许可证

开户行接到单位或个人的开户申请后，根据《人民币银行结算账户管理办法》的规定，对存款人提供的证明文件真实性、完整性和合规性进行审核，如符合开户条件，签署意见，并将存款人相关信息录入账户管理系统，属基本存款账户、预算单位专用存款账户、临时存款账户（注册验资账户除外）的，开户银行应在开户申请书和证明文件复印件上逐页加盖经办人及复核人私章和银行业务公章，并注明“复印件与原件核对相符”字样后，报送当地中国人民银行核准，中国人民银行核准后进行业务处理，并核发开户许可证（见表 4-2）。

表 4-2

开户许可证

核准号：×8810888848　　编号：8810-000666

经审核，湘潭市东风机械股份有限公司 符合开户条件，准予开立基本存款账户。

法定代表人（单位负责人）：李晶　开户银行：中国工商银行湘潭市支行建设路办理处

账号：3000298222288015698

发证机关：（盖章）

中国人民银行湘潭市建设路支行
账户管理
专用章

2015年3月10日

4. 开立账户

开户银行凭中国人民银行的开户许可证为存款人办理开户事宜；账户开户手续办理完毕后，开户银行应与存款人签订银行账户管理协议，规定开户银行和存款人各自的权利和义务。开户银行需在印鉴卡上打印申请人的账号，并加盖“基本存款户”印章（见表 4-3）。

表 4-3

中国工商银行印鉴卡

单位名称：湘潭市东风机械股份有限公司	账号：3000298222288015698
地址：湘潭市河西大道 10 号	邮编：411100
E-mail（电子邮箱）：	
联系人：李胜	电话：0731-54321000
印模：	
启用时间：2015年 3月 10日	注销时间：　年　月　日

基本存款户（章）

子任务二　变更银行账户

任务导入

若 2015 年 3 月 12 日，湘潭市东风机械股份有限公司法人代表李晶因人事变动调离该厂，由陈春同志担任该厂的法人代表，其身份证号码为430304196511280000，其他信息不变。出纳李胜如何到开户银行办理法人代表的变更手续（原开户许可证如上文所示）？

知识链接

变更银行结算账户应当遵守以下规定：

（1）存款人变更户名，但不变更开户银行及账号的，应于 5 个工作日内向开户银行提出变更申请，并出具相关的变更证明文件，填制变更申请书，并将开户许可证正本交回开户银行。

（2）单位的法定代表人或主要负责人、住址及其他开户相关信息发生变更时，应于 5 个工作日内书面通知开户银行并提供有关证明资料。

（3）开户银行接到存款人的变更通知后，应及时办理账户变更手续，并于 2 个工作日内报送当地中国人民银行。存款人名称及法定代表人或单位负责人发生变更的，应将开户许可证正、副本退回当地中国人民银行。对于符合变更条件的，当地的中国人民银行予以变更，打印新的开户许可证；不符合变更条件的，当地的中国人民银行不核准其变更申请并退回有关资料。

任务实施

湘潭市东风机械股份有限公司向银行申请变更银行账户的程序如下。

1. 填写变更银行账户内容申请书（见表 4-4）

填表说明：变更银行账户，填写本表一式三份，其中，一份存款人留存，一份开户银行留存，一份由开户银行报送当地中国人民银行。

表 4-4

变更银行账户内容申请书

账户名称	中国工商银行湘潭市支行建设路分理处		
开户银行代码	8810	账号	3000298222288015698
开户许可证核准号	×8810888848		
变更事项及变更后内容如下：			
账户名称			
地址			
邮政编码			
电话			
注册资金金额			
证明文件种类			
证明文件编号			
经营范围			
法定代表人或负责人	姓名	陈春	
	证件种类	身份证	
	证件号码	430304196511280000	
主管单位基本存款账户核准号			
主管单位名称			
主管单位法定代表人或负责人	姓名		
	证件种类		
	证件号码		
本存款人申请变更上述银行账户内容，并承诺所提供的资料真实、有效，如有伪造、欺诈，承担法律责任。 （印章：湘潭市东风机械股份有限公司 财务专用章） 存款人（签章） 2015年3月12日	开户银行审核意见： 经办人（签章） 开户银行（签章） 年 月 日	人民银行审核意见： 经办人（签章） 人民银行（签章） 年 月 日	

2. 提交相关的证明资料

企业应将加盖公章的“变更银行账户内容申请书”连同相关证明文件及原开户许可证（正、副本）在 5 个工作日内提交并书面通知中国工商银行湘潭市支行建设路分理处开户银行。

3. 银行审核

开户银行接到存款人的变更通知后，应及时办理账户变更手续，并于 2 个工作日内报送中国人民银行湘潭市建设路支行，中国人民银行湘潭市建设路支行审核后予以变更，打印新的开户许可证（见表 4-5）。

表 4-5

开户许可证

核准号：×8810888999　　　　编号：8810-000777

经审核，湘潭市东风机械股份有限公司 符合开户条件，准予开立基本存款账户。

法定代表人（单位负责人）：陈春　　开户银行：中国工商银行湘潭市支行建设路分理处

账号：3000298222288015698

中国人民银行湘潭市建设路支行 账户管理专用章

发证机关：（盖章）

2015年 3月 20日

子任务三　撤销银行账户

任务导入

若湘潭市东风机械股份有限公司于 2015 年 10 月被湘潭市另一家大型企业收购，需要撤销银行账户。出纳李胜如何办理撤销银行账户的手续呢？

知识链接

撤销银行结算账户的应当遵守以下规定。

（1）有下列情形之一的，存款人应向开户银行提出撤销银行结算账户申请：

① 被撤并、解散、宣告破产或关闭的。

② 注销、被吊销营业执照的。

③ 因迁址需要变更开户银行的。

④ 其他原因需要撤销银行结算账户的。

存款人有以上第 ①、② 条情形的，应于 5 个工作日内向开户银行提出撤销银行结算账户申请。开户银行得知存款人有以上第 ①、② 条情形且超过期限未主动办理销户手续的，有权停止其银行结算账户的对外支付。

（2）存款人撤销银行结算账户的，必须与开户行核对银行结算账户存款余额，填制销户申请书，交回各种重要票据及结算凭证（属于中国人民银行核准类的账户还应交回开户许可证），银行核对无误后方可办理销户手续。存款人未按规定交回各种重要空白票据及结算凭证的，应出具有关证明文件，造成损失的，由其自行承担。同时，银行于撤销银行结算账户之日起 2 个工作日内，向中国人民银行报送（备案类账户由开户银行登录账户管理系统进行销户并向中国人民银行备案）。中国人民银行收到银行报送的核准类账户的销户资料后，审核无误的，在 2 个工作日内登录账户系统撤销银行结算账户并收回开户许可证。

（3）存款人有银行债务未还清的，不得申请撤销该账户。

（4）银行对一年未发生收付行为且未欠开户银行债务的单位银行结算账户，应通知单位自发出通知之日起 30 日内办理销户手续，逾期视同自愿销户，未划转款项列入久悬未取专户管理。

（5）一年以上未发生收付活动且欠有银行贷款的单位银行结算账户，可作为久悬账户纳入账户管理系统管理；存款人有久悬银行账户的，银行不得为其办理其他银行结算账户的开立和变更业务。

任务实施

湘潭市东风机械股份有限公司向银行申请撤销银行账户的程序如下。

1. 填写撤销银行结算账户申请书（见表 4-6）

表 4-6

撤销银行结算账户申请书

<table>
<tr><td>账户名称</td><td colspan="3">湘潭市东风机械股份有限公司</td></tr>
<tr><td>开户银行名称</td><td colspan="3">中国工商银行湘潭市支行建设路分理处</td></tr>
<tr><td>开户银行代码</td><td>8810</td><td>账号</td><td>3000298222288015698</td></tr>
<tr><td>账户性质</td><td colspan="3">基本（ ✓ ）一般（　）专用（　）临时（　）</td></tr>
<tr><td>开户许可证核准号</td><td colspan="3">×8810888848</td></tr>
<tr><td>销户原因</td><td colspan="3">解散</td></tr>
<tr><td colspan="2">交回凭证名称及号码：（略）</td><td colspan="2">余款转入＿＿＿＿行＿＿＿账号</td></tr>
<tr><td colspan="2">开户银行：
本存款人申请撤销上述银行账户。
法定代表人（签章）
李晶印
湘潭市东风机械股份有限公司
财务专用章
存款人（签章）
2015年 10月 22日</td><td colspan="2">开户银行审核意见：
经办人（签章）
开户银行（签章）
年　月　日</td></tr>
</table>

2. 提交相关证明资料

（1）开户许可证。

（2）销户申请书。

（3）剩余的支票。

（4）印鉴卡。

（5）法人身份证原件及两份复印件（盖公章）。

3. 银行审核

银行审核存款人按照规定交回的各种重要凭证，经核对无误后方可办理销户手续。同时于撤销银行结算账户之日起 2 个工作日内，向中国人民银行报送（备案类账户由开户银行登录账户管理系统进行销户，并向中国人民银行备案）。中国人民银行收到银行报送的核准类账户的销户资料后，审核无误的，在 2 个工作日内登录账户系统撤销银行结算账户并收回开户许可证。

想一想

1．企业申请开立一般存款账户的流程和需要准备的资料。

2．企业因某些原因需要变更账户名称的流程及所需要相关资料。

3．企业因破产需要撤销账户的流程及所需相关资料。

任务二　支票结算业务

子任务一　现金支票结算业务

任务导入

2015 年 3 月 19 日，因库存现金不足，需要到银行提取现金 1 000 元。出纳李胜应该如何到银行提取现金？

知识链接

一、支票的概念与分类

支票是出票人签发的，委托办理存款业务的银行或其他金融机构，在见票时无条件支付确定的金额给收款人或持票人的票据。支票分为现金支票、转账支票、普通支票 3 种。现金支票只能用于支取现金，它可以由存款人签发，用于到银行为本单位提取现金，也可以签发给其他单位和个人，用来办理结算或委托银行代为支付现金给收款人；转账支票只能用于转账，它适用于存款人给同一城市范围内的收款单位划转款项，以办理商品交易、劳务供应、清偿债务和其他往来款项结算；普通支票既可以用于支取现金，也可以用于转账。但在普通支票左上角画两条平行线的，为画线支票，该支票只能用于转账，不能用于支取现金。

二、支票结算的特点

支票结算的特点概括起来说就是简便、灵活、迅速和可靠。

1. 简便

简便是指使用支票办理结算手续简便，只要付款人在银行有足够的存款，它就可以签发支票给收款人，银行凭支票就可以办理款项的划拨或现金的支付。

2. 灵活

灵活是指按照规定，支票可以由付款人向收款人签发以直接办理结算，也可以由付款人出票委托银行主动付款给收款人。另外，转账支票在指定的城市中还可以背书转让。

3. 迅速

迅速是指使用支票办理结算，收款人将转账支票和进账单送交银行，一般当天或次日即可入账，而使用现金支票当时即可取得现金。

4. 可靠

可靠是指银行严禁签发空头支票，各单位必须在银行存款余额内才能签发支票，因而收款人凭支票就能取得款项，一般是不存在得不到正常支付的情况的。

三、支票结算的基本规定

（1）支票的使用范围。按照规定，凡是在银行开立账户的存款人，在同一城市或票据交换地区的商品交易、劳务供应、债务清偿和其他款项结算等均可使用支票。

（2）除定额支票外，支票一律记名。经中国人民银行总行批准的地区的转账支票还允许背书转让，背书转让必须连续。

（3）支票金额起点为 100 元。

（4）支票的提示付款期为 10 天，从签发的次日算起，遇节假日顺延。过期支票作废，银行不予受理。

（5）签发支票要用墨汁或碳素墨水（或使用支票打印机）认真填写；支票的签发日期、大小写金额和收款人名称不得涂改，其他内容如有改动必须由签发人加盖预留银行印鉴证明。签发缺印鉴或错误账号的支票及签发的支票印鉴不符、账号户名不符、密码不符的，银行处 5% 但不低于 1 000 元的罚款。

（6）签发现金支票必须符合现金管理规定。收款单位凭现金支票收取现金，必须在支票背面加盖单位公章（即背书）。同时，收款单位到签发单位开户银行支取现金，应按银行规定交验有关证件。

（7）付款单位必须在其银行存款余额内签发支票，不得签发空头支票。空头支票是指签发的支票金额超过银行存款余额。签发空头支票要受到银行的处罚。对于签发空头支票的，银行要处支票金额 5% 但不低于 1 000 元的罚金。如果屡次发生，银行根据情节给予警告或通报批评，直至停止签发支票。

（8）不准签发远期支票。远期支票是指签发当日以后日期的支票。

（9）不准出租、出借支票。

（10）已签发的现金支票遗失的，可以向银行申请挂失；挂失前已经支付的，银行不予受理。已签发的转账支票遗失的，银行不受理挂失，但可以请收款单位协助防范。

四、支票的领用

单位需要领用支票，出纳员应按规定填制一式三联“空白重要凭证领用单”，在第一联上加盖预留银行印鉴，送银行办理。银行核对印鉴相符后，按照规定收取工本费和手续费，在“重要空白凭证登记簿”上注明领用日期、领用单位、支票起讫号码、密码号码等。按照规定，银行出售支票，每个账户只准一次一本，业务量大的可适当放宽。出售时，每张支票上加盖银行名称和签发人账号。

单位因撤销、合并或其他原因结清账户时，应将剩余未用的空白支票全部交回银行，由银行切角作废。

单位在领取支票时，银行除按规定收取工本费外，还一次性收取办理支票业务的手续费。单位财务部门应根据银行收费收据编制银行存款或现金付款凭证，其会计分录为：

借：财务费用

　　贷：银行存款

五、现金支票的签发

按照银行结算办法和现金管理暂行条例的规定，凡是在银行和其他金融机构开立账户的企业、事业单位和机关、团体、部队及其他单位，只能在允许使用现金的范围内签发现金支票。

填写支票的基本要求如下。

（1）出票日期（大写）：数字必须大写，大写数字写法：零、壹、贰、叁、肆、伍、陆、柒、捌、玖。

例如，2015 年 3 月 10 日应写为：贰零壹伍年零叁月零壹拾日。

① 1 月至 10 月大写前要加零字，即零壹月至零壹拾月，11 月和 12 月必须写成壹拾壹月、壹拾贰月。

② 1 日至 9 日大写前要加零字，11 日至 19 日必须写成壹拾壹日至壹拾玖日，10 日、20 日、30 日大写为零壹拾日、零贰拾日、零叁拾日。

（2）收款人：现金支票收款人为本单位，此时现金支票背面“被背书人”栏内加盖本单位的财务专用章和法人章，之后，收款人可凭现金支票直接到开户银行提取现金。当收款人为个人时，现金支票的背面不盖章，应在附加信息栏内填写身份证件的名称、号码和发证机关，且收款人签字后才能取款。

（3）付款行名称、出票人账号：为本单位开户银行名称及银行账号，账号小写。

（4）人民币（大写）：大写金额数字到“元”为止的，在“元”之后应写“整”（或“正”）字，在“角”之后可以不写“整”（或“正”）字。大写金额数字有“分”的，“分”后面不写“整”（或“正”）字。中文大写金额数字前应标明“人民币”字样，大写金额数字应紧接“人民币”字样填写，不得留有空白。

（5）人民币（小写）：最高金额前加“¥”符号，数字填写要求完整、清楚。

（6）用途：现金支票有一定限制，一般填写“备用金”、“差旅费”、“工资”、“劳务费”等。

任务实施

湘潭市东风机械股份有限公司出纳提取现金的程序如下。

1. 购买现金支票

（1）填写“空白重要凭证领用单”（见表 4-7）。

（2）支付手续费（见表 4-8）。

（3）编制记账凭证（见表 4-9）。

（4）登记账簿（见表 4-10）。

2. 签发现金支票

（1）正确填写现金支票（见图 4-4），将支票存根撕下，作为记账凭证的原始凭证，将支票送往银行办理取现业务。

（2）编制记账凭证（见表 4-11）。

（3）登记账簿（见表 4-12）。

表 4-7

中国工商银行湘潭市支行空白支票请购单 No：08900

<table>
<tr><td rowspan="3">请购人</td><td>全称</td><td colspan="2">湘潭市东风机械股份有限公司</td><td rowspan="3">请购凭证</td><td>名称</td><td colspan="6">现金支票</td></tr>
<tr><td>账号</td><td colspan="2">3000298222288015698</td><td>号码</td><td colspan="6"></td></tr>
<tr><td>开户银行</td><td colspan="2">工商银行湘潭市支行</td><td>数量</td><td colspan="2">1本</td><td colspan="2">单价</td><td colspan="2">5.00</td></tr>
<tr><td rowspan="2">金额</td><td colspan="5" rowspan="2">人民币（大写）伍元整</td><td>千</td><td>百</td><td>十</td><td>元</td><td>角</td><td>分</td></tr>
<tr><td></td><td></td><td>¥</td><td>5</td><td>0</td><td>0</td></tr>
<tr><td colspan="4">本存款人已通读本请购单背面所列《支票票据行为诚信承诺书》，对其所列全部内容已经理解并承诺遵守。
上列空白支票工本费在本存款人账户列支。
湘潭市东风机械股份有限公司 财务专用章　李晶印
（预留银行印鉴）</td><td colspan="2">请购人签收：</td><td colspan="6">会计分录：
借：
贷：
授权柜员　操作柜员</td></tr>
</table>

表 4-8

银行结算收费单

总字第 234 号
字第　　号

单位名称 湘潭市东风机械股份有限公司　　账号 30002982228801569 8 2015 年 3 月 19 日

结算种类	邮电费	千	百	十	元	角	分	手续费	千	百	十	元	角	分
汇票(兑)	信(电)　笔							1　笔			2	0	0	0
委托收款	邮(电)　笔							笔						
	笔							笔						
	笔							笔						
	小计									¥	2	0	0	0
合计金额	大写：贰拾元整													

上列款项 请从我账户内支付。

湘潭市东风机械股份有限公司 财务专用章

付款单位　　（经手人）签章　李胜印

会计分类　借：　贷：邮电费收入户　贷：手续费收入户　复核　记账

中国工商银行 转讫章

此联作为结算单位付款凭证

表 4-9

记 账 凭 证

2015 年 3 月 19 日　　　　记字第 5 号

摘要	总账科目	明细科目	借方金额 百	十	万	千	百	十	元	角	分	贷方金额 百	十	万	千	百	十	元	角	分	账页或√
支付工本费	财务费用							2	5	0	0										
	银行存款																2	5	0	0	√
合计							¥	2	5	0	0					¥	2	5	0	0	

附件 1 张

财务主管：王红　记账：陈艳　出纳：李胜　审核：王红　制单：张小　受款人：

表 4-10

银行存款日记账

2015年 月	日	凭证 字	号	票据号数	摘要	借方 十	万	千	百	十	元	角	分	√	贷方 十	万	千	百	十	元	角	分	√	余额 百	十	万	千	百	十	元	角	分	√
3	1				期初余额																			4	2	9	3	8	6	5	1	5	
3	13	记	1	略	存现			4	7	5	0	0	0											4	2	9	8	6	1	5	1	5	
	15	记	2	略	提现												3	0	0	0	0	0		4	2	9	5	6	1	5	1	5	
	19	记	5	略	支付工本费														2	5	0	0		4	2	9	5	5	9	0	1	5	

说明：13 日和 15 日两笔业务是登记的项目三的业务。

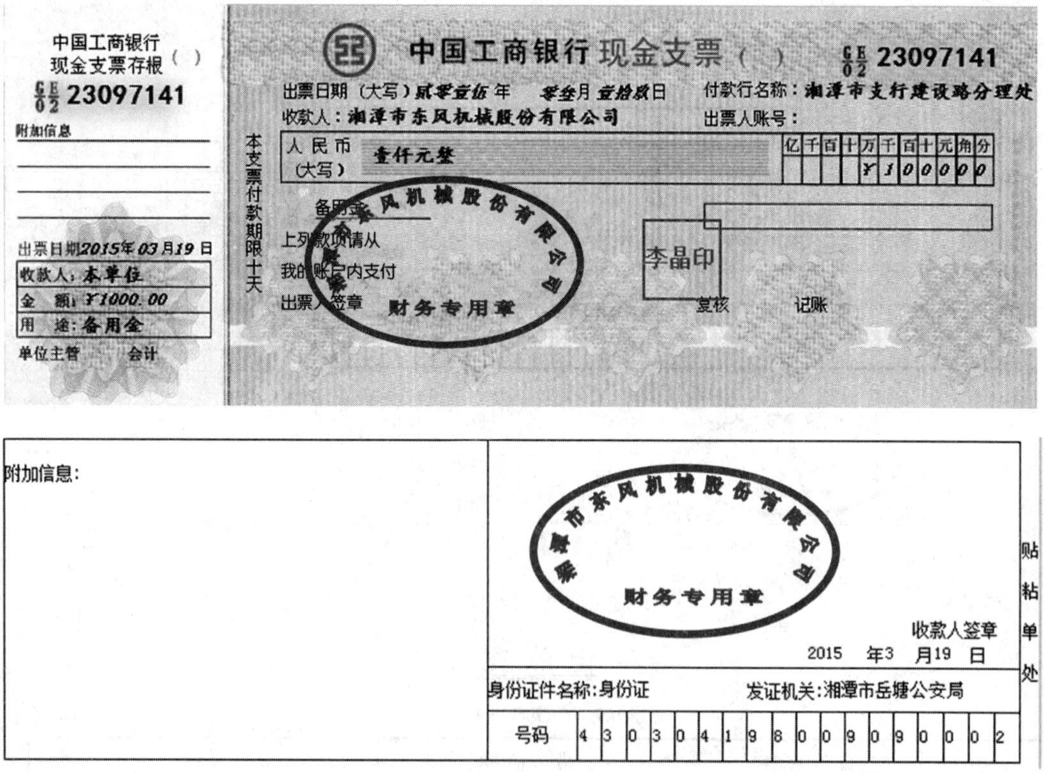
中国工商银行
现金支票存根（ ）
GE 02 23097141
附加信息
出票日期2015年03月19日
收款人：本单位
金　额：¥1000.00
用　途：备用金
单位主管　会计

中国工商银行 现金支票（ ）
GE 02 23097141
出票日期（大写）贰零壹伍年　零叁月壹拾玖日　付款行名称：湘潭市支行建设路分理处
收款人：湘潭市东风机械股份有限公司　出票人账号：
本支票付款期限十天
人民币（大写）壹仟元整
亿 千 百 十 万 千 百 十 元 角 分
¥ 1 0 0 0 0 0
用途
上列款项请从
我的账户内支付
出票人签章
湘潭市东风机械股份有限公司 财务专用章
李晶印
复核　记账

附加信息：
湘潭市东风机械股份有限公司 财务专用章
收款人签章
2015 年3 月19 日
身份证件名称:身份证　发证机关:湘潭市岳塘公安局
号码 4 3 0 3 0 4 1 9 8 0 0 9 0 9 0 0 0 2
贴粘单处

图 4-4　现金支票（正、背面）

表 4-11

记 账 凭 证

2015 年 3 月 19 日　　　　记字 第 6 号

摘要	会计科目		借方金额									贷方金额									账页
	总账科目	明细科目	百	十	万	千	百	十	元	角	分	百	十	万	千	百	十	元	角	分	或√
提取现金	库存现金					1	0	0	0	0	0										
	银行存款														1	0	0	0	0	0	√
合计					¥	1	0	0	0	0	0			¥	1	0	0	0	0	0	

附件 1 张

财务主管：王红　记账：陈艳　出纳：李胜　审核：王红　制单：张小　受款人：

表 4-12

银行存款日记账

2015年		凭证		票据	摘要	借				方				√	贷				方				√	余				额					√
月	日	字	号	号数		十	万	千	百	十	元	角	分		十	万	千	百	十	元	角	分		百	十	万	千	百	十	元	角	分	
3	1				期初余额																			4	2	9	3	8	6	5	1	5	
3	13	记	1	略	存现			4	7	5	0	0	0											4	2	9	8	6	1	5	1	5	
	15	记	2	略	提现												3	0	0	0	0	0		4	2	9	5	6	1	5	1	5	
	19	记	5	略	支付工本费														2	5	0	0		4	2	9	5	5	9	0	1	5	
	19	记	6	略	提现												1	0	0	0	0	0		4	2	9	4	5	9	0	1	5	

子任务二　转账支票结算业务

任务导入

2015 年 3 月 20 日，湘潭市电视台广告部业务员李佳交来一张广告费发票，金额 8 000.00 元，要求湘潭市东风机械股份有限公司支付该笔广告费。出纳员李胜应如何按规定支付这笔广告费？ 2015 年 3 月 21 日，出纳李胜收到湘潭市第一钢铁厂签发的转账支票一张，用于偿还上个月所欠货款 5 850.00 元。李胜应如何按规定办理这笔收款业务？

知识链接

一、转账支票结算的付款业务

出纳员签发转账支票，首先应查验本单位银行存款账户是否有足够的存款余额，以免签发空头支票，然后再按规定要求签发转账支票。转账支票签发的要求与现金支票的签发基本相同。单位签发的转账支票可以委托本单位开户银行将款项支付给收款人，也可以将支票交给收款人由其办理结算。财务部门凭支票存根和发票等有关原始凭证编制银行存款付款凭证，其会计分录为：

借：相关科目

　　贷：银行存款

二、转账支票结算的收款业务

收款单位出纳员收到付款单位交来的支票后，应该做到：

（1）对支票的真假进行鉴别，以免收进假支票。

（2）审查支票的各项内容是否填写齐全，是否在签发单位盖章处加盖单位印鉴，大小写金额和收款人有无涂改，其他内容如有改动是否加盖了预留银行印鉴。

（3）支票收款单位是否为本单位。

（4）支票大小写金额填写是否正确，二者是否相符。

（5）支票是否在付款期内。

（6）背书转让的支票其背书是否正确、是否连续。

收款单位出纳员对受理的转账支票审查无误后，即可填制一式两联进账单，连同支票一并送交其开户银行。

开户银行收到收款单位送来的转账支票和进账单以后，应对其进行认真的审查，审查包括支票和进账单填写的内容是否正确、支票与进账单的金额是否相符、大小写金额是否一致、支票是否在付款期内等。如果收款单位和付款单位在同一银行开户，则银行可进一步审查支票印鉴是否与预留银行印鉴相符、付款人账户是否有足够的款项用于支付等，审核无误后即可在进账单第一联上加盖“转讫”章退回收款单位。

如果收款单位和付款单位不在同一银行开户，则收款单位开户银行通过票据交换将支票和进账单送付款单位开户银行，由其审查印鉴是否正确、付款人账户有无足够款项支付等，审查无误后办理转账。收款单位开户银行在进账单和支票上加盖“转讫”章，将进账单第一联退还收款单位。收款单位根据银行盖章退回的进账单第一联编制银行存款收款凭证，其会计分录为：

借：银行存款

　　贷：相关科目

三、转账支票结算的程序

转账支票结算的一般程序如图 4-5 所示。

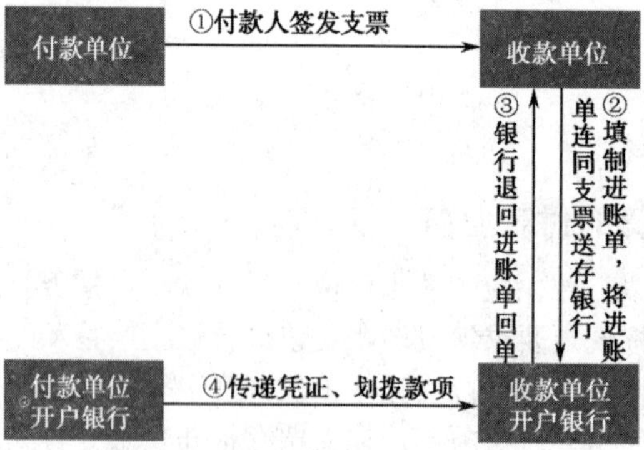

图 4-5　转账支票结算的一般程序

任务实施

（1）湘潭市东风机械股份有限公司的出纳李胜用转账支票支付广告费的程序如下。

① 审核广告费发票（见表 4-13）。

表 4-13

湖南省湘潭市广告业务专用发票

全国统一发票监制章　地方税务局监制

纳税人识别号 430304101400148　　　发票代码：84322100

客户名称：湘潭市东风机械股份有限公司　　　发票号码：000672

开票日期：2015 年 3 月 20 日

项目	单位	数 量	单价	金额	备注
广告费				8000.00	
合计人民币（大写）	捌仟元整			￥8000.00	
机打票号：　003005 加盖开票单位发票专用章有效				纳税人识别号:（略） 税控编号:	

（印章：湘潭市电视台 发票专用章）

② 签发转账支票（见表 4-14）和进账单（见表 4-15），将存根联撕下作为记账凭证的原始凭证，将支票送往银行办理转账业务。

表 4-14

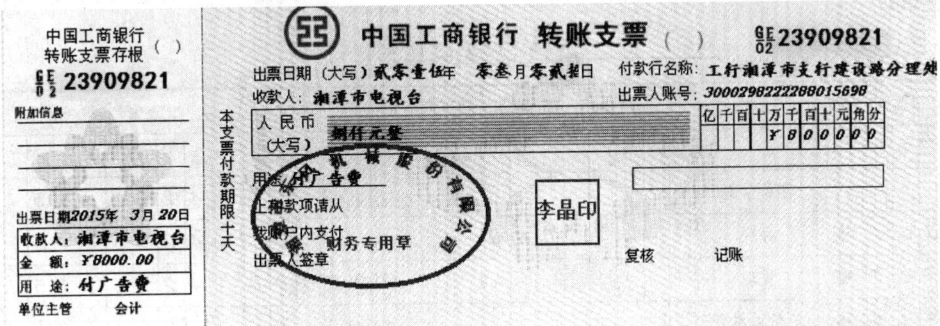
中国工商银行
转账支票存根（ ）
GE 02 23909821
附加信息
出票日期 2015年 3月 20日
收款人：湘潭市电视台
金　额：￥8000.00
用　途：付广告费
单位主管　　会计

中国工商银行　转账支票（ ）　GE 02 23909821
出票日期（大写）贰零壹伍年　零叁月零贰拾日　付款行名称：工行湘潭市支行建设路分理处
收款人：湘潭市电视台　出票人账号：300029822228B015698
本支票付款期限十天
人民币（大写）捌仟元整　亿 千 百 十 万 千 百 十 元 角 分　￥ 8 0 0 0 0 0
用途：付广告费
上列款项请从
我账户内支付
出票人签章　（财务专用章）　李晶印
复核　　记账

表 4-15

ICBC 中国工商银行　　进账单（回　单）　1

2015年　3月　20 日

出票人	全　称	湘潭市东风机械股份有限公司	收款人	全　称	湘潭市电视台
	账　号	3000298222288015698		账　号	5623908
	开户银行	工行建设路分理处		开户银行	建行芙蓉分理处
金额	人民币（大写）	捌仟元整		亿千百十万千百十元角分	¥800000
票据种类	转账支票	票据张数	1		
票据号码					
	复核　记账			开户银行签章	

中国工商银行　业务受理章

175×85mm　GH082413

此联是开户银行交给持（出）票人的回单

③ 编制记账凭证（见表 4-16）。

表 4-16

记 账 凭 证

2015年　3 月 20 日　　　　记 字 第 7 号

摘　要	会计科目		借方金额									贷方金额									账页
	总账科目	明细科目	百	十	万	千	百	十	元	角	分	百	十	万	千	百	十	元	角	分	或√
支付广告费	销售费用	广告费				8	0	0	0	0	0										
	银行存款														8	0	0	0	0	0	√
合　计					¥	8	0	0	0	0	0			¥	8	0	0	0	0	0	

附件 1 张

财务主管：王红　记账：陈艳　出纳：李胜　审核：王红　制单：张小　受款人：

④ 登记账簿（见表 4-17）。

表 4-17

银行存款日记账

2015年		凭证		票据	摘要	借方								√	贷方								√	余额									√
月	日	字	号	号数		十	万	千	百	十	元	角	分		十	万	千	百	十	元	角	分		百	十	万	千	百	十	元	角	分	
3	1				期初余额																			4	2	9	3	8	6	5	1	5	
3	13	记	1	略	存现			4	7	5	0	0	0											4	2	9	8	6	1	5	1	5	
3	15	记	2	略	提现												3	0	0	0	0	0		4	2	9	5	6	1	5	1	5	
3	19	记	5	略	支付工本费														2	5	0	0		4	2	9	5	5	9	0	1	5	
3	19	记	6	略	提现												1	0	0	0	0	0		4	2	9	4	5	9	0	1	5	
3	20	记	7	略	支付广告费												8	0	0	0	0	0		4	2	8	6	5	9	0	1	5	

（2）2015 年 3 月 21 日，湘潭市东风机械股份有限公司的出纳李胜收到转账支票的处理程序如下。

① 审核转账支票（见表 4-18）。

表 4-18

中国工商银行 转账支票（ ） GE 02 23909821

本支票付款期限十天

出票日期（大写）贰零壹伍年 零叁月贰拾壹日　付款行名称：工行湘潭市支行香樟路分理处

收款人：湘潭市东风机械股份有限公司　出票人账号：585847986212

人民币（大写）	亿	千	百	十	万	千	百	十	元	角	分
伍仟捌佰伍拾元整					￥	5	8	5	0	0	0

用途 付货款

上列款项请从

我账户内支付

出票人签章　湘潭市第一钢铁厂 财务专用章　李斌印　复核　记账

② 填写一式三联的进账单（见表 4-19）。

表 4-19

ICBC 中国工商银行　进账单（收账通知）　3

2015年 3月 21 日

出票人	全称	湘潭市第一钢铁厂	收款人	全称	湘潭市东风机械股份有限公司
	账号	585847986212		账号	3000298222288015698
	开户银行	工行香樟路分理处		开户银行	工行建设路分理处
金额	人民币（大写）	伍仟捌佰伍拾元整		亿千百十万千百十元角分	￥5 8 5 0 0 0
票据种类	转账支票	票据张数	1		
票据号码					
	复核　记账			中国工商银行湘潭市支行 业务公章　收款人开户银行签章	

此联是收款人开户银行交给收款人的收账通知

③ 根据进账单收账通知联，编制记账凭证（见表 4-20）。

表 4-20

记 账 凭 证

2015 年 3 月 20 日　　　　记字 第 8 号

摘　要	会计科目		借方金额									贷方金额									账页
	总账科目	明细科目	百	十	万	千	百	十	元	角	分	百	十	万	千	百	十	元	角	分	或√
收回前欠货款	银行存款					5	8	5	0	0	0										√
	应收账款	市钢铁厂													5	8	5	0	0	0	
合　　计					¥	5	8	5	0	0	0			¥	5	8	5	0	0	0	

附件 1 张

财务主管：王红　记账：陈艳　出纳：李胜　审核：王红　制单：张小　受款人：

④ 出纳李胜根据记账凭证登记银行存款日记账（见表 4-21）。

表 4-21

银行存款日记账

2015年		凭证		票据	摘要	借方								√	贷方								√	余额									√
月	日	字	号	号数		十	万	千	百	十	元	角	分		十	万	千	百	十	元	角	分		百	十	万	千	百	十	元	角	分	
3	1				期初余额																			4	2	9	3	8	6	5	1	5	
3	13	记	1	略	存现			4	7	5	0	0	0											4	2	9	8	6	1	5	1	5	
3	15	记	2	略	提现												3	0	0	0	0	0		4	2	9	5	6	1	5	1	5	
3	19	记	5	略	支付工本费														2	5	0	0		4	2	9	5	5	9	0	1	5	
3	19	记	6	略	提现												1	0	0	0	0	0		4	2	9	4	5	9	0	1	5	
3	20	记	7	略	支付广告费												8	0	0	0	0	0		4	2	8	6	5	9	0	1	5	
	20	记	8	略	收回货款			5	8	5	0	0	0											4	2	9	2	4	4	0	1	5	

想一想

1．如果是湘潭市东风机械股份有限公司主动到电视台洽谈广告业务，并取得广告费发票，回来后主动付款，应该怎么处理？请编制记账凭证，并说明业务的流程。

2．如果你是湘潭市第一钢铁厂的出纳员，主动把那笔欠款支付给湘潭市东风机械股份有限公司，应该怎么处理？请填制相关原始凭证和记账凭证。

任务三　商业汇票结算业务

子任务一　银行承兑汇票结算业务

任务导入

湘潭市东风机械股份有限公司因 2015 年 2 月与长沙聚福塑胶原料有限公司签订购销合同，合同约定采用银行承兑汇票结算，面值 35 100 元，故于 2015 年 3 月 17 日向银行提出签发银行承兑汇票的申请，2015 年 3 月 20 日收到银行通知，可以签发银行承兑汇票。

知识链接

一、商业汇票概述

商业汇票是由出票人签发的，委托付款人在指定日期无条件支付确定的金额给收款人或持票人的票据。商业汇票分为商业承兑汇票和银行承兑汇票。商业承兑汇票由银行以外的付款人承兑，银行承兑汇票由银行承兑。商业汇票的付款人为承兑人。

无论是同城还是异地，都可以采用商业汇票结算方式。这种结算方式用于在银行开立账户的法人之间及其他组织之间，只有具有真实的交易关系或债权债务关系，才能使用商业汇票。商业汇票只能用于转账；在急需资金时，符合条件的商业汇票的持票人可持未到期的商业汇票向银行申请贴现。

二、银行承兑汇票的结算程序

银行承兑汇票一式两联，第一联为卡片，由付款行承兑时留存，支付票款时作借方凭证附件；第二联为汇票，由收款人开户行随托收凭证寄付款行作借方凭证附件。

银行承兑汇票的结算程序如下：

（1）交易双方签订商品交易合同，并在合同中注明采用银行承兑汇票进行结算。

（2）需要付款的单位在开户行填写汇票承兑申请书，提交交易合同等相关资料，申请签发汇票。

（3）开户行审核同意后，申请人填写一式两联的银行承兑汇票及汇票承兑协议，连同交易合同等相关申请资料，一并交给开户行。

（4）在填制银行承兑汇票时，应当按照规定逐项填写（包括必须写明交易合同编号），并在银行承兑汇票的“出票人签章”处加盖预留银行印鉴。

（5）开户行审核后在银行承兑协议上盖章，在两联汇票上注明承兑协议编号，并在第二联汇票“承兑人签章”处加盖汇票专用章并由授权的经办人签名或盖章，留下第一联汇票和承兑协议第一联及副本，其余退回申请人，同时按照规定向出票人收取承兑手续费。

（6）出票人将经过银行承兑后的汇票交付收款单位，请求发运货物。出纳员在交付汇票时，应复印银行承兑汇票作原始凭证附件，并要求对方开出收据。出票人交付汇票后根据发票和对方收据，编制转账凭证，借记“材料采购”等科目，贷记“应付票据”科目，同时登记应付票据备查簿，这样可提醒出票人在汇票到期日足额交存票款。

另一方面，收款人收到银行承兑汇票，审核无误后按合同发运货物。根据发票和汇票复印件，编制转账凭证，借记“应收票据”科目，贷记“主营业务收入”等科目，并据此登记应收票据备查簿。银行承兑汇票可以背书转让。收款单位或持票单位的财务部门应当经常检查专类保管的应收票据备查簿，看汇票是否到期。

（7）根据中国人民银行的有关规定，银行承兑汇票采用委托收款方式提示付款。提示付款时，持票人应填制异地邮划或电划委托收款凭证，在其中“委托收款凭证名称”栏内注明“银行承兑汇票”字样及汇票号码，并将汇票作成委托收款背书，汇票和委托收款凭证一并送交其开户行。

（8）开户行按照规定对银行承兑汇票进行审查，审查无误后在委托收款凭证各联上加盖“银行承兑汇票”戳记（即汇票专用章）。其余手续按照发出委托收款凭证的手续处理。

（9）承兑银行接到持票人开户行寄来的委托收款凭证及汇票，经审查无误，应于汇票到期日或到期日之后的见票当日主动付款。承兑银行一般不会拒付，也不会无款支付。

（10）承兑银行对到期的汇票，应于到期日（法定休假日顺延）向出票人收取票款，将付款通知交给出票人。出票人收到银行的付款通知，根据银行的付款通知编制银行付款凭证，借记“应付票据”科目，贷记“银行存款”科目。持票人开户行接到承兑银行寄来的委托收款凭证及有关单证，按照委托收款的款项划回手续处理，持票人的处理也应按委托收款收到款项的手续处理，详见后文中委托收款结算的规定。

银行承兑汇票使用中需注意以下两点：

① 出票人账户无款或款项不足支付时，银行除向收款人无条件支付款项外，不足款项应转入该出票人的逾期贷款户，每日按 5 ‱计收利息。

② 出票人因款项不足支付而收到银行特种转账传票时，应根据已付款项借记“应付票据”科目，贷记“银行存款”科目；根据不足支付部分，借记“应付票据”科目，贷记“银行借款”科目。同时在应付票据备查簿中该票据的注销栏内予以注销或加以记录。

银行承兑汇票的结算程序如图 4-6 所示。

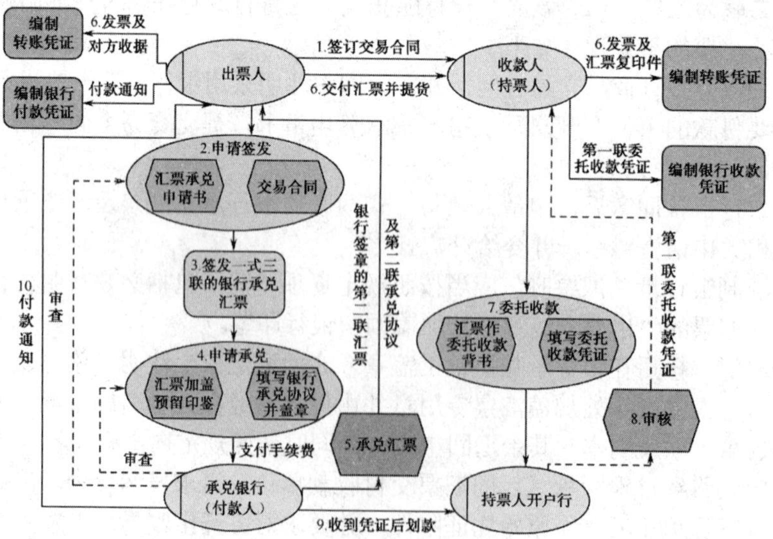

图 4-6　银行承兑汇票的结算程序

任务实施

湘潭市东风机械股份有限公司向银行申请签发银行承兑汇票的程序如下。

1. 填写银行承兑汇票申请书

2015 年 3 月 17 日，湘潭市东风机械股份有限公司出纳填写汇票承兑申请书，与商品购销合同等相关申请资料，一并送交开户行。承兑申请书如表 4-22 所示。

表 4-22

银行承兑汇票承兑申请书

2015 年 3 月 17日　　　　编号：521793

申请人全称	湘潭市东风机械股份有限公司	法定代表人	李晶
企业性质	股份有限公司	地　址	湘潭市河西大道 10 号
经营范围	车床生产和销售	营业执照号	234182906843682
开户行及账号	中国工商银行湘潭市支行 3000298222288015698		
申请事由：采购支付货款			
交易合同字号	TDXS2010-64	合同标的额	¥35 100.00
供货单位全称	长沙聚福塑胶原料有限公司	货物名称	预应力塑料波纹管
约定付款期	自 2015年 3 月 20 日 至 2015年 4 月 24 日		
申请承兑金额	（人民币大写）叁万伍仟壹佰元整	承兑期限	2015 年 4月 24日前
担保方式	无担保		

以上申请请予受理。

申请人（盖章）：

法定代表人：

湘潭市东风机械股份有限公司 财务专用章

李晶印

2015 年 3月 17 日

联系人：陈敏　　　　联系电话：15807327712

注：本申请书一式两联，由承兑申请人和银行各执一联。

2. 签发银行承兑汇票，填写银行承兑协议

2015 年 3 月 20 日，湘潭市东风机械股份有限公司出纳到开户行填写一式三联的银行承兑汇票（见表 4-23），并加盖预留银行印鉴，与填写好的银行承兑协议一并交给开户行

柜台。银行承兑协议共印三联，在“银行承兑协议”之后，第二联加印 2，第三联加印“副本”字样。

表 4-23

银行承兑协议 2

编号：5506337

银行承兑汇票的内容：

收款人全称 长沙聚福塑胶原料有限公司　付款人全称 湘潭市东风机械股份有限公司

开户行 工行长沙窑岭支行　开户行 中国工商银行湘潭市支行

账　号 1901389921717499512　账　号 3000298222288015698

汇票号码 第 122 号　汇票金额(大写) 人民币叁万伍仟壹佰元整

签发日期 2015 年 3 月 20 日　到期日期 2015 年 4 月 24 日

以上汇票经承兑银行承兑，承兑申请人(下称申请人)愿遵守《支付结算办法》的规定及下列条款：

1. 申请人于汇票到期日期将应付票款足额交存承兑银行。

2. 承兑手续费按票面金额千分之(0.5)计算，在银行承兑时一次付清。

3. 承兑汇票如发生任何交易纠纷，均由收付双方自行处理。票款于到期前仍按第一条办理不误。

4. 承兑汇票到期日，承兑银行凭票无条件支付票款。如到期日之前申请人不能足额交付票款时,承兑银行对不足支付部分的票款转作承兑申请人逾期贷款，并按照有关规定计收罚息。

5.承兑汇票款付清后，本协议始自动失效。

本协议第一、二联分别由承兑银行信贷部门和承兑申请人存执，协议副本由银行会计部门存查。

承兑申请人____(盖章)　承兑银行____ (盖章)

湘潭市东风机械股份有限公司
财务专用章

订立承兑协议日期 2015 年 3 月 20 日

3. 银行承兑

开户行审核后在银行承兑协议上盖章，在汇票上注明承兑协议编号，并在第二联汇票“承兑银行盖章”处加盖银行汇票专用章，用总行统一订制的压数机在“汇票金额”栏小写金额的下端压印汇票金额，留下汇票第一联和承兑协议第一联及副本，将其余退回付款单位，同时从付款单位账户中扣收手续费（见表 4-24）。

4. 用银行承兑汇票办理采购

湘潭市东风机械股份有限公司出纳将银行退回的汇票第二联和银行承兑协议第二联交财务部门，由专人保管。湘潭市东风机械股份有限公司按照交易合同规定，将经过银行承兑后的汇票第二联寄交长沙聚福塑胶原料有限公司，请求发运货物。长沙聚福塑胶原料有限公司收到银行承兑汇票，审核无误后开出发票，并按合同发运货物（见表 4-25）。

表 4-24

银行承兑汇票 2

出票日期（大写）贰零壹伍 年 零叁 月 零贰拾 日　　　　第 122号

出票人全称	湘潭市东风机械股份有限公司	收款人	全　称	长沙聚福塑胶原料有限公司
出票人账号	30002982222880015698		账　号	1901389921717499512
付款行全称	中国工商银行湘潭市支行		开户行	工行长沙窑岭支行
出票金额	人民币(大写)叁万伍仟壹佰元整		千 百 十 万 千 百 十 元 角 分	¥ 3 5 1 0 0 0 0
汇票到期日（大写）	贰零壹伍 年 零肆 月 贰拾肆 日	付款行	行号	102548003050
承兑协议编号	5506337		地址	长沙市解放中路 43 号
本汇票请你行承兑，到期无条件付款。 （湘潭市东风机械股份有限公司 财务专用章）（李晶印） 出票人签章		本汇票已经承兑，到期日由本行付款。 （马琳） 承兑日期：2015 年 3 月 20 日 （中国工商银行 102548 003050 汇票专用章） 备注：		复核 记账

表 4-25

湖南省增值税专用发票

（全国统一发票监制章 湖南 国家税务总局监制）

43037281599　　　　No 00045211

2015 年 3 月 21 日

购货单位	名　　称：湘潭市东风机械股份有限公司 纳税人识别号：430304101400148 地址、电话：0731-54321000 开户行及账号：中国工商银行湘潭市支行 30002982222880015698	密码区	2489—1<9—7—61596284 8<032/52>9/29654—4974 1626<8—3024>82320—2 —47—6<7>2＊—/>＊>6
			加密版本 01 43037281599 00045211

货物或应税劳务名称	计量单位	数量	单价	金　额	税率	税　额
预应力塑料波纹管	箱	50	600	30 000	17%	5 100
价税合计（大写）	人民币叁万伍仟壹佰元整				（小写）¥ 35 100.00	

销货单位	名　　称：长沙聚福塑胶原料有限公司 纳税人识别号：430225786620799 地址、电话：0731-85448661 开户行及账号：工行长沙窑岭支行 1901389921717499512	备注	（长沙聚福塑胶原料有限公司 430225 786620799 发票专用章）

收款人：李明　　复核：陈馨　　开票人：刘天景　　销货单位：（章）

第二联：发票联

5. 编制凭证

湘潭市东风机械股份有限公司会计人员根据购货发票及汇票复印件（作原始凭证附件），编制记账凭证（见表 4-26）。

表 4-26

记 账 凭 证

2015 年 3 月 21 日　　　　记 字 第 9 号

摘 要	会计科目		借方金额									贷方金额									账页
	总账科目	明细科目	百	十	万	千	百	十	元	角	分	百	十	万	千	百	十	元	角	分	或√
购买材料	材料采购				3	0	0	0	0	0	0										
	应交税费	应交增值税				5	1	0	0	0	0										
	应付票据													3	5	1	0	0	0	0	
合 计				¥	3	5	1	0	0	0	0		¥	3	5	1	0	0	0	0	

附件 1 张

财务主管：王红　记账：　出纳：李胜　审核：王红　制单：张小　受款人：

同时，会计人员根据手续费发票，编制记账凭证（见表 4-27）。

表 4-27

记 账 凭 证

2015 年 3 月 21 日　　　　记字 第 10 号

摘 要	会计科目		借方金额									贷方金额									账页
	总账科目	明细科目	百	十	万	千	百	十	元	角	分	百	十	万	千	百	十	元	角	分	或√
支付手续费	财务费用							1	7	5	5										
	银行存款																1	7	5	5	√
合 计							¥	1	7	5	5					¥	1	7	5	5	

附件 1 张

财务主管：王红　记账：　出纳：李胜　审核：王红　制单：张小　受款人：

6. 登记账簿

出纳李胜根据记账凭证登记银行存款日记账，如表 4-28 所示。

表 4-28

银行存款日记账

2015年		凭证		票据号数	摘要	借方								√	贷方								√	余额									√
月	日	字	号			十	万	千	百	十	元	角	分		十	万	千	百	十	元	角	分		百	十	万	千	百	十	元	角	分	
3	1				期初余额																			4	2	9	3	8	6	5	1	5	
3	13	记	1	略	存现			4	7	5	0	0	0											4	2	9	8	6	1	5	1	5	
3	15	记	2	略	提现												3	0	0	0	0	0		4	2	9	5	6	1	5	1	5	
3	19	记	5	略	支付工本费														2	5	0	0		4	2	9	5	5	9	0	1	5	
3	19	记	6	略	提现												1	0	0	0	0	0		4	2	9	4	5	9	0	1	5	
3	20	记	7	略	支付广告费												8	0	0	0	0	0		4	2	8	6	5	9	0	1	5	
3	20	记	8	略	收回货款			5	8	5	0	0	0											4	2	9	2	4	4	0	1	5	
3	21	记	10	略	支付手续费														1	7	5	5		4	2	9	2	4	2	2	6	0	

子任务二　商业承兑汇票结算业务

任务导入

按照合同约定，湘潭市东风机械股份有限公司于 2015 年 2 月 2 日收到郴州市鸿泰建筑工程有限公司签发并承兑的商业承兑汇票一张（见表 4-29），面值 58 500 元，票面记载 4 月 29 日到期。3 月 21 日，湘潭市东风机械股份有限公司委托自己的开户行收款。

表 4-29

商业承兑汇票 2

出票日期（大写）　　贰零壹伍年零贰月零贰日　　第 75 号

付款人	全称	郴州市鸿泰建筑工程有限公司	收款人	全称	湘潭市东风机械股份有限公司
	账号	1906227830353459193		账号	3000298222288015698
	开户银行	工商银行郴州延华支行		开户银行	中国工商银行湘潭市支行
出票金额		人民币(大写)伍万捌仟伍佰元整	千 百 十 万 千 百 十 元 角 分		¥ 5 8 5 0 0 0 0
汇票到期日期（大写）		贰零壹伍 年 零肆 月 壹拾玖 日	付款人开户行	行号	中国工商银行 29383
交易合同号码		TDXS2010-570		地址	郴州市延华路 63 号
本汇票已经承兑，到期无条件付款。 朱清印 承兑人签章 承兑日期 2015 年 2 月 2 日			本汇票请予以承兑，到期日付款。 李晶印 出票人签章		

知识链接

商业承兑汇票一式三联，第一联为卡片，由承兑人（付款人）留存；第二联为汇票，由收款人开户行随结算凭证寄付款人开户行作付出传票附件；第三联为存根联，由签发人存查。

商业承兑汇票的结算程序与承兑汇票基本相同，但应注意以下几点不同之处：

第一，签发汇票。商业承兑汇票按照双方协定，可以由付款人签发，也可以由收款人签发。在实务中，一般以由付款人签发的商业承兑汇票居多。

第二，付款人承兑。商业承兑汇票由付款人承兑。付款人承兑时，无须填写承兑协议，也不通过银行办理，因而也就无须向银行支付手续费，只需在商业承兑汇票的第二联正面签署“承兑”字样，记载承兑日期并加盖预留银行的印鉴后，交给收款人。由收款人签发的商业承兑汇票，应先交付款人承兑后再保管，付款人接到收款人向其提示承兑的汇票时，应当向提示承兑人签发收到汇票的回单，记明汇票提示承兑日期并签章，并且应当在自收到提示承兑的汇票之日起3日内承兑或拒绝承兑。

第三，付款人到期付款。商业承兑汇票也是通过委托收款的方式提示付款，但与银行承兑汇票一定能收到款项不同，商业承兑汇票存在款项可能无法收回的风险，这取决于付款人的态度或其账户资金充裕与否。

付款人开户行收到商业承兑汇票后，不是直接付款后对付款人不足支付部分转入逾期贷款账户，而是按照委托收款付款的手续，分三种情况处理（详见后文中委托收款结算规定）。在编制会计分录时，与一般的委托收款账务处理仍然有所不同，因为商业承兑汇票的金额是计入“应收票据”科目而不是“应收账款”科目。

付款人足额支付款项时，应根据银行发出的付款通知，借记“应付票据”科目，贷记“银行存款”科目，虽然这一处理与银行承兑汇票相同，但是付款通知的形式不同；付款人无力支付的，应编制转账凭证，将应付票据转为应付账款，借记“应付票据”科目，贷记“应付账款”科目，并在“应付票据备查簿”中加以登记；付款人拒绝付款的，做与无力支付相同的会计处理。

第四，收款人收取款项。收款人开户行按照委托收款划回手续办理。与付款人按不同情形编制会计分录相对应，收款人也要做不同的会计处理。

两种商业汇票的收款人收到款项后，都要根据银行交付的第四联托收凭证（收账通知）借记“银行存款”科目，贷记“应收票据”科目；商业承兑汇票的收款人在付款人无力支付，收到其退回的商业承兑汇票时，应编制转账凭证，将应收票据转为应收账款，借记“应收账款”科目，贷记“应收票据”科目；商业承兑汇票的付款人拒绝付款的，收款人做与其无力支付时相同的会计处理。

任务实施

1. 持商业承兑汇票办理委托收款

2015年3月21日，湘潭市东风机械股份有限公司出纳将商业承兑汇票作成委托收款背书，并填制一式五联的邮划委托收款凭证，在其中“委托收款凭证名称”栏内注明“商业承兑汇票”字样及汇票号码，并在第二联委托收款凭证上加盖预留银行印鉴。银行审核委托收款凭证和债务证明后，在委托收款凭证各联上加盖汇票专用章，并在第一联委托收款凭证上加盖委托收款专用章后退还给湘潭市东风机械股份有限公司（见表4-30）。

表4-30

中国工商银行委托收款凭证（回单） 1　　　　第 0921681 号

委托日期　2015年3月21日

付款人	全　称	郴州市鸿泰建筑工程有限公司	收款人	全　称	湘潭市东风机械股份有限公司									
	账　号	1906227830353459193		账　号	3000298222288015698									
	开户行	工商银行郴州延华支行		开户行	中国工商银行湘潭市支行									
托收金额	人民币（大写）伍万捌仟伍佰元整			百	十	万	千	百	十	元	角	分		
					¥	5	8	5	0	0	0	0		
款项内容	销货款	委托款收凭证名称	商业承兑汇票第75号	附寄单证张数	1张									
商品发运情况	已发运	合同名称号码		TDXS2010-570										
备注： 复核　记账	款项收妥日期 年　月　日			收款人开户行（银行盖章） 2015年3月21日										

中国工商银行　102548　003050　汇票专用章

中国工商银行湘潭市支行　2015年3月21日　委托收款专用章

2. 银行收到商业承兑汇票款项后通知收款人

2015年3月23日，湘潭市东风机械股份有限公司开户行收到款项后，将第四联委托收款凭证加盖转讫章作收账通知交给湘潭市东风机械股份有限公司（见表4-31）。

表4-31

中国工商银行委托收款凭证（收账通知） 4　　　　第 0921681 号

委托日期　2015年3月23日

付款人	全　称	郴州市鸿泰建筑工程有限公司	收款人	全　称	湘潭市东风机械股份有限公司									
	账　号	1906227830353459193		账　号	3000298222288015698									
	开户行	工商银行郴州延华支行		开户行	中国工商银行湘潭市支行									
托收金额	人民币（大写）伍万捌仟伍佰元整			百	十	万	千	百	十	元	角	分		
					¥	5	8	5	0	0	0	0		
款项内容	销货款	委托收款凭证名称	商业承兑汇票第75号	附寄单证张数	1张									
商品发运情况	已发运	合同名称号码		TDXS2010-570										
备注： 复核　记账	款项收妥日期 年　月　日			收款人开户行（银行盖章） 2015年3月23日										

中国工商银行　102548　003050　汇票专用章

中国工商银行　湘潭市支行　15.03.23　转讫

3. 编制记账凭证

湘潭市东风机械股份有限公司会计人员根据第四联委托收款凭证编制记账凭证（见表 4-32）。

表 4-32

记账凭证

2015 年 3 月 23 日　　　　记字 第 11 号

摘要	会计科目		借方金额									贷方金额									账页
	总账科目	明细科目	百	十	万	千	百	十	元	角	分	百	十	万	千	百	十	元	角	分	或√
收回票款	银行存款				5	8	5	0	0	0	0										√
	应收票据													5	8	5	0	0	0	0	
合计				¥	5	8	5	0	0	0	0		¥	5	8	5	0	0	0	0	

附件 1 张

财务主管：王红　记账：　出纳：李胜　审核：王红　制单：张小　受款人：

4. 登记银行存款日记账

湘潭市东风机械股份有限公司出纳人员根据记账凭证登记银行存款日记账，如表 4-33 所示。

表 4-33

银行存款日记账

2015年		凭证		票据号数	摘要	借方								√	贷方								√	余额									√
月	日	字	号			十	万	千	百	十	元	角	分		十	万	千	百	十	元	角	分		百	十	万	千	百	十	元	角	分	
3	1				期初余额																			4	2	9	3	8	6	5	1	5	
3	13	记	1	略	存现			4	7	5	0	0	0											4	2	9	8	6	1	5	1	5	
3	15	记	2	略	提现												3	0	0	0	0	0		4	2	9	5	6	1	5	1	5	
3	19	记	5	略	支付工本费														2	5	0	0		4	2	9	5	5	9	0	1	5	
3	19	记	6	略	提现												1	0	0	0	0	0		4	2	9	4	5	9	0	1	5	
3	20	记	7	略	支付广告费												8	0	0	0	0	0		4	2	8	6	5	9	0	1	5	
3	20	记	8	略	收回货款			5	8	5	0	0	0											4	2	9	2	4	4	0	1	5	
3	21	记	10	略	支付手续费														1	7	5	5		4	2	9	2	4	2	2	6	0	
3	23	记	11	略	收回票款		5	8	5	0	0	0	0											4	3	5	0	9	2	2	6	0	

想一想

1. 什么是商业汇票？它有哪些特点？
2. 商业汇票结算有哪些规定？其结算程序是怎样的？

任务四　银行汇票结算业务

子任务一　银行汇票付款业务

任务导入

2015 年 3 月 25 日，湘潭市东风机械股份有限公司出纳李胜收到采购部业务员递交的一份关于企业采购部拟到上海沪鑫制造厂（开户银行：工商银行上海徐汇支行；账号：2003700248920）采购刀架的 150 000 元用款申请书，考虑到异地采购资金的安全等问题，李胜建议采购员持银行汇票前往上海采购。李胜如何按规定到开户银行取得银行汇票呢？

知识链接

一、银行汇票的概念及结算特点

1. 银行汇票的概念

银行汇票是汇款人将款项交存银行，由银行签发并由其在见票时按照实际结算金额无条件支付给收款人或持票人的票据。

2. 银行汇票的结算特点

（1）适用范围广泛。无论是否在银行开立账户的单位和个人的各种款项结算均可使用银行汇票。银行汇票可用于转账，填明“现金”字样的银行汇票可以用于支取现金（申请人和收款人均必须为个人）。

（2）票随人走，钱货两清。购货单位交款，银行开票，票随人走；购货单位购货给票，销售单位验票发货，一手交票，一手交货；银行见票付款，这样可以减少结算环节，缩短结算资金在途时间，方便购销活动。

（3）信用度高，安全可靠。银行汇票是银行在收到汇款人款项后签发的支付凭证，因而具有较高的信誉，银行保证支付，收款人持有票据，可以安全、及时地到银行支取款项。只要汇款人和银行认真按照汇票结算的规定办理，汇款就能保证安全。一旦汇票丢失，如果确属现金汇票，汇款人可以向银行办理挂失，填明收款单位和个人，银行可以协助防止款项被他人冒领。

（4）使用灵活，适应性强。使用银行汇票结算，持票人可以将汇票背书转让给销货单位，也可以通过银行办理分次支取或转让。

（5）结算准确，余款自动退回。单位持银行汇票进行采购，凡在银行汇票金额之内的，可根据实际采购的金额办理支付，多余款项由银行自动退回，这样可以有效防止交易尾款的发生。

二、银行汇票的有关规定

（1）提示付款期为一个月，应该从签发日起算。逾期的汇票，兑付银行不予受理，原汇款人只能向签发行请求退款。

（2）汇票上记载的事项有：汇款人、出票日（签发日期）、付款地（兑付地点）、三个金额（汇款金额、实际结算金额、多余金额）、付款日（兑付日期）。汇票上还记载有“汇票用途”。汇票可以背书转让。汇票反面有背书栏，有填写被背书人和背书人的地方及记载收款人证件的地方。

（3）单位内部供应部门或其他业务部门因业务需要使用银行汇票时，应填写银行汇票请领单，具体说明领用银行汇票的部门、经办人、汇款用途、收款单位名称、开户银行、账号等，由请领人签章，并经单位领导审批同意后，由财务部门具体办理银行汇票手续。

（4）汇款人办理银行汇票，能确定收款人的，必须详细填明单位、个体经济户名称或个人姓名。确定不了的，应填写汇款人指定人员的姓名。

交存现金办理的汇票，需要在汇入银行支取现金的，应在汇票委托书上的“汇款金额”大写栏先填写“现金”字样，后填写汇款金额。这样，银行可签发现金汇票，以便汇款人在兑付银行支取现金。企事业单位办理的汇票，如需要在兑付银行支取现金的，由兑付银行按照现金管理有关规定审查支付现金。

（5）“银行汇票委托书”一式三联，其中第一联是存根，由汇款人留存作为记账依据；第二联是支款凭证，是签发行办理汇票的传出传票；第三联为收入凭证，由签发行作汇出汇款收入传票。如果申请人用现金办理银行汇票，可以注销第二联。

签发银行受理“银行汇票委托书”，经过验对“银行汇票委托书”内容和印鉴，并在办妥转账或收妥现金之后，即可向汇款人签发转账或支取现金的银行汇票。对个体经济户和个人需要支取现金的，在汇票“汇款金额”栏先填写“现金”字样，后填写汇款金额，再加盖印章并用压数机压印汇款金额，将汇票和解讫通知交于汇款人。

三、银行汇票的主要内容

根据《银行支付结算办法》规定，签发银行汇票必须记载下列事项：① 表明银行汇票的字样；② 无条件支付的承诺；③ 出票金额；④ 付款人名称；⑤ 收款人名称；⑥ 出票日期；⑦ 出票人签章。欠缺记载上列事项之一的，银行汇票无效。

银行汇票一式四联，第一联为卡片，由签发行结清汇票时作汇出汇款付出传票；第二联为银行汇票，和第三联解讫通知一并由汇款人自带，在兑付行兑付汇票后此联作联行往来账付出传票；第三联是解讫通知，在兑付行兑付后随报单寄签发行，由签发行作余款收入传票；第四联是多余款通知，在签发行结清多余款项后交于汇款人。

汇款单位财务部门收到银行签发的银行汇票后，即可将汇票交于请领人，由其持汇票到兑付地点，或与填明的收款人办理结算，或支取现金。当然也可以按规定用背书的形式将汇票转让给背书人，办理结算业务。

汇款单位持票人到汇入地点办理采购，凭转账汇票进行结算时，应在“银行汇票联”

和“解讫通知联”上填写收款单位及其银行账号，将此两联一并交给收款单位财务部门，由其直接到其开户银行办理具体的进账。

银行汇票结算的一般程序如图 4-7 所示。

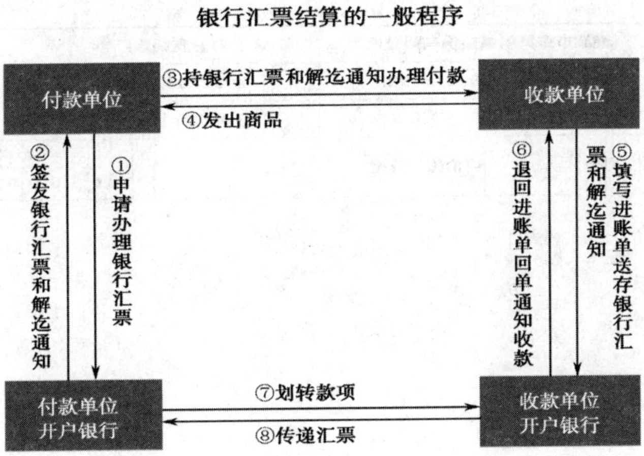

图 4-7 银行汇票结算的一般程序

任务实施

1. 填制银行汇票申请书

审核采购员交来经单位领导审批同意的“银行汇票请领单”，出纳人员填制一式三联的银行汇票申请书（见表 4-34 ～表 4-36）。

表 4-34

中国工商银行汇票申请书(存根) 第 01984151 号

申请日期 2015 年 3 月 25 日

申请人	湘潭市东风机械股份有限公司		收款人	上海沪鑫制造厂
账号或地址	3000298222288015698		账号或地址	2003700248920
用途	货款		代理付款行	工商银行上海徐汇支行
汇款金额	人民币（大写）	壹拾伍万元整	千百十万千百十元角分	¥15000000

此联申请人留存

备注：

表 4-35

中国工商银行汇票申请书(借方凭证)　　第 01984151 号

申请日期　2015 年　3 月　25 日

申请人	湘潭市东风机械股份有限公司	收款人	上海沪鑫制造厂
账　号 或地址	3000298222288015698	账　号 或地址	2003700248920
用途	货款	代　理 付款行	工商银行上海徐汇支行
汇款金额	人民币 （大写）	壹拾伍万元整	千 百 十 万 千 百 十 元 角 分 ¥ 1 5 0 0 0 0 0 0

上列款项请从我账户内支付

申请人盖章

科　目(借)
对方科目(贷)
转账日期　　年　月　日
复核　　记账

此联出票行借方凭证

表 4-36

中国工商银行汇票申请书(贷方凭证)　　第 01984151 号

申请日期　2015 年　3 月　25 日

申请人	湘潭市东风机械股份有限公司	收款人	上海沪鑫制造厂
账　号 或地址	3000298222288015698	账　号 或地址	2003700248920
用途	货款	代　理 付款行	工商银行上海徐汇支行
汇款金额	人民币 （大写）	壹拾伍万元整	千 百 十 万 千 百 十 元 角 分 ¥ 1 5 0 0 0 0 0 0

备注：

科　目(借)
对方科目(贷)
转账日期　　年　月　日
复核　　记账

此联出票行作汇出汇款贷方凭证

2. 银行签发银行汇票（见表 4-37 ～表 4-40）

表 4-37

付款期限
壹个月

中国工商银行
银行汇票（卡片）　　1　　GE 02

第　　号

出票日期（大写）　贰零壹伍年　零叁月贰拾伍日　　代理付款行：　　行号：

收款人：上海沪鑫制造厂　　账号：2003700248920

出票金额：人民币（大写）　壹拾伍万元整

实际结算金额　人民币（大写）

千	百	十	万	千	百	十	元	角	分

申请人：湘潭市东风机械股份有限公司　　账号或住址：3000298222288015698

出票行：建设路分理处　　行号：2009003

备　注：购货款

复核　　经办

复核　　记账

此联出票行结清汇出汇款借方凭证

表 4-38

付款期限 壹个月

中国工商银行
银行汇票　　2　　GE 02

第　号

出票日期（大写）：贰零壹伍年 零叁月贰拾伍日　　代理付款行：　　行号：

收款人：上海沪鑫制造厂　　账号：2003700248920

出票金额：人民币（大写）壹拾伍万元整

实际结算金额 人民币（大写）	千	百	十	万	千	百	十	元	角	分

申请人：湘潭市东风机械股份有限公司　　账号或住址：

出票行：建设路分理处　　行号：2009003

备注：购货款

凭票付款

出票行签章

多余金额									
千	百	十	万	千	百	十	元	角	分

科目（借）

对方科目（贷）

兑付日期　年　月　日

复核　记账

此联代理付款行付款后作联行往账借方凭证附件

银行汇票的背面

被背书人：	被背书人：
背书人签章 年　月　日	背书人签章 年　月　日

持票人向银行提示付款签章：

身份证件名称：　　发证机关：

号码：

（贴粘单处）

表 4-39

付款期限 壹个月

中国工商银行
银行汇票（解讫通知） 3 GE 02

第　号

出票日期（大写） 贰零壹伍年 零叁月贰拾伍日　　代理付款行：　　行号：

收款人：上海沪鑫制造厂　　账号：2003700248920

出票金额：人民币（大写） 壹拾伍万元整

实际结算金额 人民币（大写）

千	百	十	万	千	百	十	元	角	分

申请人：湘潭市东风机械股份有限公司　　账号或住址：3000298222288015698

出票行：建设路分理处　　行号：2009003

备　注：购货款

代理付款行签章

复核　　经办

多余金额

千	百	十	万	千	百	十	元	角	分

复核　　记账

此联代理付款行兑付后随报单寄出票行　由出票行作多余款贷方凭证

表 4-40

付款期限 壹个月

中国工商银行
银行汇票（多余款收账通知） 4 GE 02

第　号

出票日期（大写） 贰零壹伍年 零叁月贰拾伍日　　代理付款行：　　行号：

收款人：上海沪鑫制造厂　　账号：2003700248920

出票金额：人民币（大写） 壹拾伍万元整

实际结算金额 人民币（大写）

千	百	十	万	千	百	十	元	角	分

申请人：湘潭市东风机械股份有限公司　　账号或住址：3000298222288015698

出票行：建设路分理处　　行号：2009003

备　注：购货款

出票行签章

年　月　日

多余金额

千	百	十	万	千	百	十	元	角	分

左列退回多余金额已收入你账户内。

此联出票行作多余款后交申请人

3. 编制记账凭证

根据银行汇票申请书回单联，编制记账凭证（见表 4-41）。

表 4-41

记账凭证

2015 年 3 月 25 日　　　　记字 第 12 号

摘要	会计科目		借方金额									贷方金额									账页或√
	总账科目	明细科目	百	十	万	千	百	十	元	角	分	百	十	万	千	百	十	元	角	分	
申请汇票	其他货币资金	银行汇票		1	5	0	0	0	0	0	0										
	银行存款												1	5	0	0	0	0	0	0	√
合计			¥	1	5	0	0	0	0	0	0	¥	1	5	0	0	0	0	0	0	

附件 1 张

财务主管：王红　记账：陈艳　出纳：李胜　审核：王红　制单：张小　受款人：

4. 登记账簿

出纳李胜根据记账凭证登记银行存款日记账（见表 4-42）。

表 4-42

银行存款日记账

2015年		凭证		票据号数	摘要	借方								√	贷方								√	余额									√
月	日	字	号			十	万	千	百	十	元	角	分		十	万	千	百	十	元	角	分		百	十	万	千	百	十	元	角	分	
3	1				期初余额																			4	2	9	3	8	6	5	1	5	
3	13	记	1	略	存现			4	7	5	0	0	0											4	2	9	8	6	1	5	1	5	
3	15	记	2	略	提现												3	0	0	0	0	0		4	2	9	5	6	1	5	1	5	
3	19	记	5	略	支付工本费														2	5	0	0		4	2	9	5	5	9	0	1	5	
3	19	记	6	略	提现												1	0	0	0	0	0		4	2	9	4	5	9	0	1	5	
3	20	记	7	略	支付广告费												8	0	0	0	0	0		4	2	8	6	5	9	0	1	5	
3	20	记	8	略	收回货款			5	8	5	0	0	0											4	2	9	2	4	4	0	1	5	
3	21	记	10	略	支付手续费														1	7	5	5		4	2	9	2	4	2	2	6	0	
3	23	记	11	略	收回票款		5	8	5	0	0	0	0											4	3	5	0	9	2	2	6	0	
3	25	记	12	略	申请汇票										1	5	0	0	0	0	0	0		4	2	0	0	9	2	2	6	0	

5. 交于采购员

将取得的银行汇票（第二联）和解讫通知（第三联）交于采购员前往上海办理采购刀架业务。

子任务二　银行汇票收款业务

任务导入

2015 年 3 月 25 日，湘潭市东风机械股份有限公司销售机床一台，收到无锡大洋有限责任公司采购员交来的面额为 10 万元的银行汇票（见表 4-43 和表 4-44），实际结算金额为 93 600 元。出纳李胜如何按规定到开户银行办理进账呢？

表 4-43

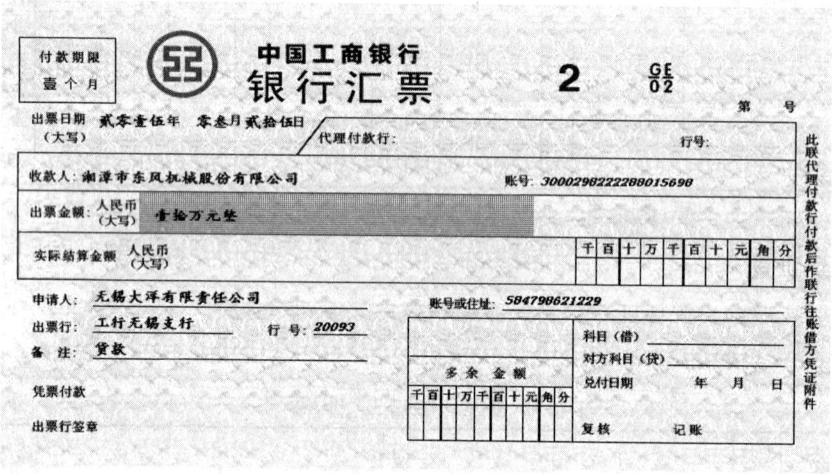
付款期限 壹个月
中国工商银行
银行汇票　2　GE 02
第　号
出票日期（大写）：贰零壹伍年 零叁月贰拾伍日
代理付款行：　行号：
收款人：湘潭市东风机械股份有限公司　账号：3000298222288015698
出票金额：人民币（大写）壹拾万元整
实际结算金额：人民币（大写）　千 百 十 万 千 百 十 元 角 分
申请人：无锡大洋有限责任公司　账号或住址：584798621229
出票行：工行无锡支行　行号：20093
备注：货款
凭票付款
出票行签章
多余金额　千 百 十 万 千 百 十 元 角 分
科目（借）
对方科目（贷）
兑付日期　年　月　日
复核　记账
此联代理付款行付款后作联行往账借方凭证附件

表 4-44

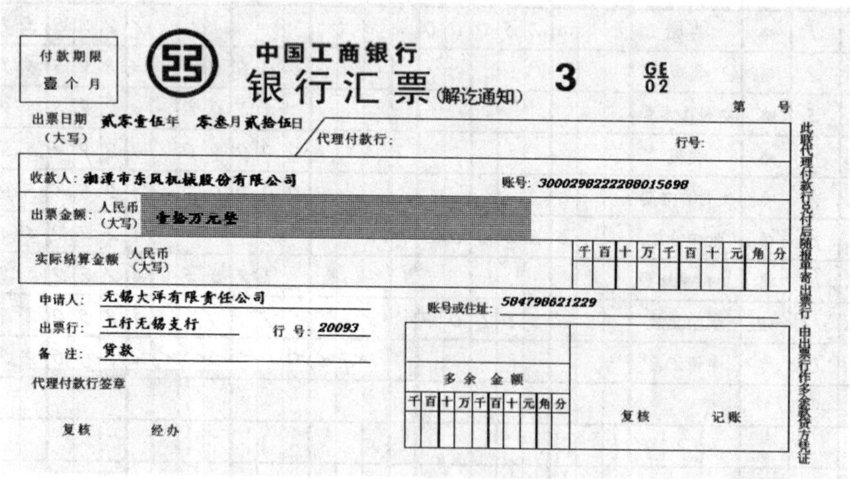
付款期限 壹个月
中国工商银行
银行汇票（解讫通知）　3　GE 02
第　号
出票日期（大写）：贰零壹伍年 零叁月贰拾伍日
代理付款行：　行号：
收款人：湘潭市东风机械股份有限公司　账号：3000298222288015698
出票金额：人民币（大写）壹拾万元整
实际结算金额：人民币（大写）　千 百 十 万 千 百 十 元 角 分
申请人：无锡大洋有限责任公司　账号或住址：584798621229
出票行：工行无锡支行　行号：20093
备注：货款
代理付款行签章
复核　经办
多余金额　千 百 十 万 千 百 十 元 角 分
复核　记账
此联代理付款行兑付后随报单寄出票行　由出票行作多余款贷方凭证

知识链接

银行汇票收款业务的处理程序如下。

（1）收款单位出纳员受理银行汇票时，应审查下列内容：

① 银行汇票和解讫通知是否齐全，汇票号码和记载的内容是否一致。

② 收款人是否确为本单位或本人。

③ 银行汇票是否在提示付款期限内。

④ 必须记载的事项是否齐全。

⑤ 出票人签章是否符合规定，是否有压数机压印的出票金额，并与大写出票金额一致。

⑥ 出票金额、出票日期、收款人名称是否更改，更改的其他记载事项是否由原记载人签章证明。

（2）审查无误后，应在出票金额以内，根据实际需要的款项办理结算，并将实际结算金额和多余金额准确、清晰地填入银行汇票和解讫通知的有关栏内。未填明实际结算金额和多余金额或实际结算金额超过出票金额的，银行不予受理。银行汇票的实际结算金额不得更改，更改实际结算金额的银行汇票无效。银行汇票的多余金额由签发银行退交汇款人。全额解付的银行汇票，应在“多余金额”栏写上“—〇—”符号。

（3）填写完结算金额和多余金额后，收款人将银行汇票和解讫通知同时提交兑付银行，缺少任何一联均无效，银行将不予受理。在银行开立账户的收款人受理银行汇票后，在汇票背面加盖预留银行印鉴连同解讫通知和两联进账单送交开户银行办理转账。进账单一式两联。第一联（回单或收账通知）由收款单位开户银行盖章后退收款单位作收款通知；第二联（收入凭证）由收款单位开户银行作收入传票。

（4）将“银行汇票联”、“解讫通知联”和进账单送其开户银行办理收账手续后，财务部门根据银行退回的进账单第一联（收账通知）所列实际结算金额和发票存根联等原始凭证，编制记账凭证。

任务实施

（1）审核销售发票（见表 4-45）和对方采购员交来的银行汇票。

表 4-45

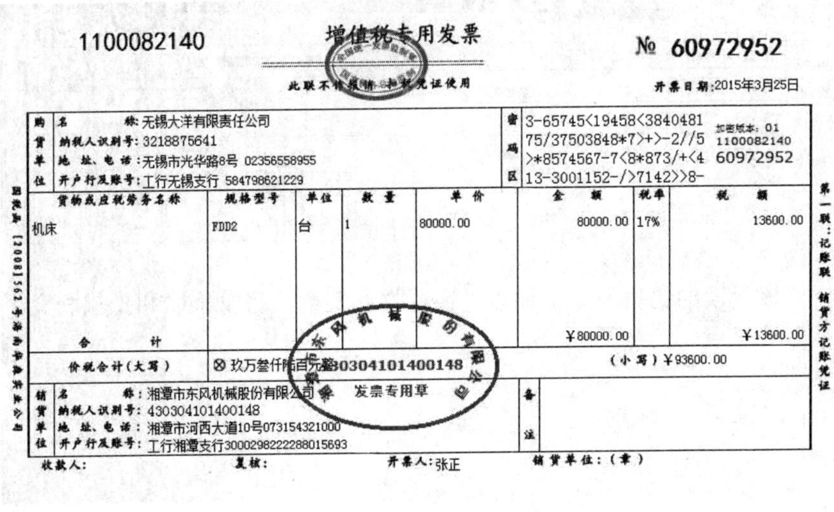

1100082140　　增值税专用发票　　№ 60972952

此联不作报销、扣税凭证使用　　开票日期：2015年3月25日

购货单位	名称：无锡大洋有限责任公司 纳税人识别号：3218875641 地址、电话：无锡市光华路8号 02356558955 开户行及账号：工行无锡支行 584798621229				密码区	3-65745<19458<3840481 75/37503848*7>+>-2//5 >*8574567-7<8*873/+<4 13-3001152-/>7142>>8-	加密版本：01 1100082140 60972952
货物或应税劳务名称	规格型号	单位	数量	单价	金额	税率	税额
机床	FDD2	台	1	80000.00	80000.00	17%	13600.00
合计					¥80000.00		¥13600.00
价税合计（大写）	⊗玖万叁仟陆百元整				（小写）¥93600.00		
销货单位	名称：湘潭市东风机械股份有限公司 纳税人识别号：430304101400148 地址、电话：湘潭市河西大道10号073154321000 开户行及账号：工行湘潭支行3000298222288015693				备注		

收款人：　　复核：　　开票人：张正　　销货单位：（章）

第一联：记账联　销货方记账凭证

（2）填写银行汇票实际结算金额93 600元、多余金额6 400元（见表4-46和表4-47）。

表4-46

付款期限 壹个月

中国工商银行
银行汇票　2　GE 02

第　号

出票日期（大写）　贰零壹伍年　零叁月贰拾伍日　代理付款行：　行号：

收款人：湘潭市东风机械股份有限公司　账号：3000298222288015698

出票金额：人民币（大写）壹拾伍万元整

实际结算金额：人民币（大写）玖万叁仟陆百元整

千	百	十	万	千	百	十	元	角	分
		¥	9	3	6	0	0	0	0

申请人：无锡大洋有限责任公司　账号或住址：584798621229

出票行：工行无锡支行　行号：20093

备注：货款

凭票付款

出票行签章

多余金额

千	百	十	万	千	百	十	元	角	分
			¥	6	4	0	0	0	0

科目（借）
对方科目（贷）
兑付日期　年　月　日
复核　记账

此联代理付款行付款后作联行往账借方凭证附件

表4-47

付款期限 壹个月

中国工商银行
银行汇票（解讫通知）　3　GE 02

第　号

出票日期（大写）　贰零壹伍年　零叁月贰拾伍日　代理付款行：　行号：

收款人：湘潭市东风机械股份有限公司　账号：3000298222288015698

出票金额：人民币（大写）壹拾伍万元整

实际结算金额：人民币（大写）玖万叁仟陆百元整

千	百	十	万	千	百	十	元	角	分
		¥	9	3	6	0	0	0	0

申请人：无锡大洋有限责任公司　账号或住址：584798621229

出票行：工行无锡支行　行号：20093

备注：货款

代理付款行签章

复核　经办

多余金额

千	百	十	万	千	百	十	元	角	分
			¥	6	4	0	0	0	0

复核　记账

此联代理付款行兑付后随报单寄出票行　由出票行作多余款贷方凭证

（3）在审核无误的销售发票上加盖“银行收讫”章，将发票联和抵扣联交于对方，留下记账联。

（4）填写一式两联的进账单，连同银行汇票送到开户银行办理收账手续（见表 4-48）。

表 4-48

ICBC 中国工商银行　　进账单（收账通知）　3

2015年　3月　25日

出票人	全　称	无锡大洋有限责任公司	收款人	全　称	湘潭市东风机械股份有限公司
	账　号	584798621229		账　号	3000298222288015698
	开户银行	工行无锡支行		开户银行	工行湘潭市支行
金额	人民币（大写）	玖万叁仟陆百元整		亿千百十万千百十元角分	¥ 9 3 6 0 0 0 0
票据种类	银行汇票	票据张数	2		
票据号码					
	复核　记账			收款人开户银行签章	

2015.03.25　业务受理章

此联是收款人开户银行交给收款人的收账通知

（5）根据销售发票记账联和进账单的收账通知联（第二联）编制记账凭证（见表 4-49）。

表 4-49

记 账 凭 证

2015 年 3 月 25 日　　记字 第 13 号

摘要	会计科目		借方金额									贷方金额									账页
	总账科目	明细科目	百	十	万	千	百	十	元	角	分	百	十	万	千	百	十	元	角	分	或√
销售商品	银行存款				9	3	6	0	0	0	0										√
	主营业务收入													8	0	0	0	0	0	0	
	应交税费	应交增值税												1	3	6	0	0	0	0	
合　计				¥	9	3	6	0	0	0	0		¥	9	3	6	0	0	0	0	

附件 2 张

财务主管：王红　记账：陈艳　出纳：刘胜　审核：王红　制单：张小　受款人：

（6）出纳登记账簿（见表 4-50）。

表 4-50

银行存款日记账

2015年		凭证		票据号数	摘要	借方								√	贷方								√	余额									√
月	日	字	号			十	万	千	百	十	元	角	分		十	万	千	百	十	元	角	分		百	十	万	千	百	十	元	角	分	
3	1				期初余额																			4	2	9	3	8	6	5	1	5	
3	13	记	1	略	存现			4	7	5	0	0	0											4	2	9	8	6	1	5	1	5	
3	15	记	2	略	提现												3	0	0	0	0	0		4	2	9	5	6	1	5	1	5	
3	19	记	5	略	支付工本费														2	5	0	0		4	2	9	5	5	9	0	1	5	
3	19	记	6	略	提现												1	0	0	0	0	0		4	2	9	4	5	9	0	1	5	
3	20	记	7	略	支付广告费												8	0	0	0	0	0		4	2	8	6	5	9	0	1	5	
3	20	记	8	略	收回货款			5	8	5	0	0	0											4	2	9	2	4	4	0	1	5	
3	21	记	10	略	支付手续费														1	7	5	5		4	2	9	2	4	2	2	6	0	
3	23	记	11	略	收回票款		5	8	5	0	0	0	0											4	3	5	0	9	2	2	6	0	
3	25	记	12	略	申请汇票										1	5	0	0	0	0	0	0		4	2	0	0	9	2	2	6	0	
3	25	记	13	略	销售商品		9	3	6	0	0	0	0											4	2	9	4	5	2	2	6	0	

想一想

在银行汇票付款任务中，若采购员 2015 年 4 月 6 日回来向财务部门上交上海沪鑫制造厂开具的增值税发票的发票联和抵扣联，采购数量 40 个，单价 3 000 元，增值税率 17%，价税合计 140 400 元；4 月 7 日，又收到银行转来的多余款通知，金额为 9 600 元。请你编制相关的记账凭证，并说明办理业务的流程。

任务五　托收承付结算业务

子任务一　托收承付收款业务

任务导入

2015 年 2 月，湘潭市东风机械股份有限公司与上海机械公司签订购销合同，合同约定采用托收承付验单付款方式结算。3 月 25 日，湘潭市东风机械股份有限公司根据合同将货物托运，买价 30 000 元，增值税款 5 100 元，垫付运费 3 800 元，当日向银行办妥托收手续。上海机械公司账号 2003301144072358223，开户银行为工行上海市武昌支行。3 月 27 日，湘潭市东风机械股份有限公司收到开户银行的收账通知，收到上述款项。请完成湘潭市东风机械股份有限公司以上业务的结算处理。

知识链接

一、托收承付的概念

托收承付是根据购销合同由收款人发货后委托银行向异地付款人收取款项，由付款人向银行承认付款的结算方式。

二、托收承付的结算规定

（1）托收承付适用异地结算。

（2）国有企业、供销合作社，以及经营管理较好，并经开户银行审查同意的城乡集体所有制工业企业办理商品交易，包括因商品交易而产生的劳务供应的款项，可以采用托收承付结算；代销、寄销、赊销商品的款项，不得办理托收承付结算。收付双方办理托收承付结算，必须重合同、守信用。收款人对同一付款人发货托收累计 3 次收不回货款的，收款人开户银行应暂停收款人向该付款人办理托收；付款人累计 3 次提出无理拒付的，付款人开户银行应暂停其向外办理托收。

（3）托收承付方式结算，收付双方必须签有符合《经济合同法》的购销合同，并在合同上订明使用托收承付结算方式。收款人办理托收，必须具有商品确已发运的证件。

（4）托收承付结算每笔的金额起点为 1 万元。新华书店系统每笔的金额起点为 1 000 元。

三、托收承付的结算程序

托收承付分为托收和承付两个阶段。

1. 托收

符合条件的交易双方签订商品交易合同，并在合同中注明采用托收承付方式结算。

销货方根据合同将货物发运，取得发运单据。

收款人按照签订的购销合同发货后，委托银行办理托收。收款人向开户银行申请托收，应根据购销合同、开出的增值税专用发票、发运单据等，填写一式五联的托收凭证。托收凭证一式五联，第一联作银行给收款人的受理回单，第二联作收款人开户银行贷方凭证，第三联作付款人开户银行借方凭证，第四联作付款人开户银行凭以汇款或收款人开户银作收账通知，第五联作付款人开户银行给付款人的按期付款通知。

办理托收承付结算，托收凭证必须记载下列事项：表明托收承付的字样；确定的金额；付款人名称及账号；收款人名称及账号；付款人开户银行名称；收款人开户银行名称；托收附寄单证张数或册数；合同名称、号码；委托日期；收款人签章。托收承付凭证上欠缺记载上列事项之一的，银行不予受理。

开户银行审查受理后，将托收凭证第一联回单联加盖业务受理章后退回收款人。

2. 承付

收款人开户银行受理托收业务后，及时将有关单证寄交付款人开户银行，付款人开户银行收到托收凭证和附件后，及时通知付款人付款。

承付货款分为验单付款和验货付款两种，由收付双方商量选用，并在合同中明确规定。

验单付款：承付期为 3 天，从付款人开户银行发出承付通知的次日算起（承付期内遇法定节假日顺延）。

验货付款：承付期为 10 天，从运输部门向付款人发出提货通知的次日算起。对收付双方在合同中明确规定，并在托收凭证上注明验货付款期限的，银行从其规定。

不管采用的是验单付款还是验货付款，付款人在承付期内都可以提前向银行表示付款，银行立即办理划款。如在承付期内未向银行表示拒绝付款，银行即视作承付，并在承付期满的次日（法定节假日顺延）上午银行开始营业时，将款项主动从付款人的账户内付出，按照收款人指定的划款方式，划给收款人。

付款人开户银行对付款人逾期支付的款项，应当根据逾期付款金额和逾期天数，按每天 5 ‱计算逾期付款赔偿金。逾期付款天数从承付期满日算起。

付款人因某些原因提出全部拒绝付款或部分拒绝付款时，必须填写“拒绝付款理由书”并签章，注明拒绝付款理由，提供所需检验证明等，交开户银行审查。银行不接受付款方拒付理由，将强制扣款。

托收承付的结算程序如图 4-8 所示。

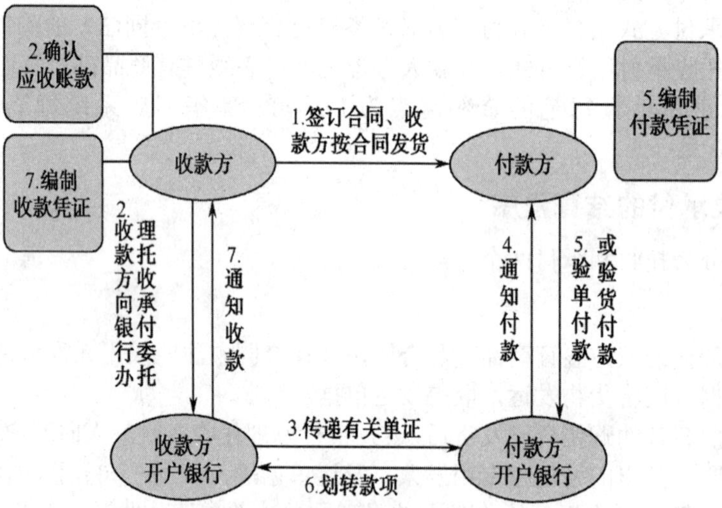

图 4-8 托收承付的结算程序

任务实施

湘潭市东风机械股份有限公司处理程序如下。

（1）填写托收承付凭证。收款人根据购销合同、开出的增值税专用发票、发运单据等，填写一式五联的托收承付凭证，连同开出的增值税专用发票、发运单据等向开户银行申请托收（见表 4-51 ～表 4-55）。

表 4-51

中国工商银行托收凭证（受理回单）1

No:34709022　　委托日期：2015年3月25日

<table>
<tr><td>业务类型</td><td colspan="14">委托收款（□邮划 □电划）　托收承付（□邮划 □电划）</td></tr>
<tr><td rowspan="3">付款人</td><td>全称</td><td colspan="3">上海机械公司</td><td rowspan="3">收款人</td><td>全称</td><td colspan="8">湘潭市东风机械股份有限公司</td></tr>
<tr><td>账号</td><td colspan="3">2003301144072358223</td><td>账号</td><td colspan="8">3000298222288015698</td></tr>
<tr><td>地址</td><td>上海市</td><td>开户行</td><td>工行上海市武昌支行</td><td>地址</td><td>湖南省</td><td>开户行</td><td colspan="6">工行湘潭市支行</td></tr>
<tr><td rowspan="2">金额</td><td colspan="4" rowspan="2">人民币（大写）叁万捌仟玖佰元整</td><td>亿</td><td>千</td><td>百</td><td>十</td><td>万</td><td>千</td><td>百</td><td>十</td><td>元</td><td>角</td><td>分</td></tr>
<tr><td></td><td></td><td></td><td>¥</td><td>3</td><td>8</td><td>9</td><td>0</td><td>0</td><td>0</td><td>0</td></tr>
<tr><td>款项内容</td><td>货款</td><td colspan="2">托收凭证名称</td><td colspan="4">销售发票、运费单等</td><td colspan="4">附寄单据张数</td><td colspan="3">3</td></tr>
<tr><td colspan="2">商品发送情况</td><td>已发送</td><td colspan="2">合同名称号码</td><td colspan="10">20150218</td></tr>
<tr><td colspan="2">备注：

复核　　记账</td><td colspan="3">款项收妥日期

年　月　日</td><td colspan="10">收款人开户银行签章
年　月　日</td></tr>
</table>

此联作收款人开户银行给收款人的受理回单

表 4-52

中国工商银行托收凭证（贷方凭证）2

No:34709022　　委托日期：2015年3月25日

<table>
<tr><td>业务类型</td><td colspan="14">委托收款（□邮划 □电划）　托收承付（□邮划 □电划）</td></tr>
<tr><td rowspan="3">付款人</td><td>全称</td><td colspan="3">上海机械公司</td><td rowspan="3">收款人</td><td>全称</td><td colspan="8">湘潭市东风机械股份有限公司</td></tr>
<tr><td>账号</td><td colspan="3">2003301144072358223</td><td>账号</td><td colspan="8">3000298222288015698</td></tr>
<tr><td>地址</td><td>上海市</td><td>开户行</td><td>工行上海市武昌支行</td><td>地址</td><td>湖南省</td><td>开户行</td><td colspan="6">工行湘潭市支行</td></tr>
<tr><td rowspan="2">金额</td><td colspan="4" rowspan="2">人民币（大写）叁万捌仟玖佰元整</td><td>亿</td><td>千</td><td>百</td><td>十</td><td>万</td><td>千</td><td>百</td><td>十</td><td>元</td><td>角</td><td>分</td></tr>
<tr><td></td><td></td><td></td><td>¥</td><td>3</td><td>8</td><td>9</td><td>0</td><td>0</td><td>0</td><td>0</td></tr>
<tr><td>款项内容</td><td>货款</td><td colspan="2">托收凭证名称</td><td colspan="4">销售发票、运费单等</td><td colspan="4">附寄单据张数</td><td colspan="3">3</td></tr>
<tr><td colspan="2">商品发送情况</td><td>已发送</td><td colspan="2">合同名称号码</td><td colspan="10">20150218</td></tr>
<tr><td colspan="2">备注：

收款人开户银行收到日期
年　月　日</td><td colspan="3">上述款项附有关债务证明，请予办理
湘潭市东风机械股份有限公司 财务专用章
李晶印
收款人签章</td><td colspan="10">复核

记账</td></tr>
</table>

此联作收款人开户银行贷方凭证

表 4-53

中国工商银行托收凭证（借方凭证）3

No:34709022　　委托日期：2015 年 3月 25日

业务类型	委托收款（□邮划 □电划）　托收承付（□邮划 □电划）					
付款人	全称	上海机械公司	收款人	全称	湘潭市东风机械股份有限公司	
	账号	2003301144072358223		账号	3000298222288015698	
	地址	上海市　开户行　工行上海市武昌支行		地址	湖南省　开户行　工行湘潭市支行	

金额	亿	千	百	十	万	千	百	十	元	角	分
人民币（大写）叁万捌仟玖佰元整				¥	3	8	9	0	0	0	0

款项内容	货款	托收凭证名称	销售发票、运费单等	附寄单据张数	3
商品发送情况	已发送	合同名称号码	20150218		
备注： 收款人开户银行收到日期 年　月　日	收款人开户行签章 收款人签章	复核　记账			

此联作付款人开户银行借方凭证

表 4-54

中国工商银行托收凭证（汇款依据或收账通知）4

No:34709022　　委托日期：2015 年 3月 25日

业务类型	委托收款（□邮划 □电划）　托收承付（□邮划 □电划）					
付款人	全称	上海机械公司	收款人	全称	湘潭市东风机械股份有限公司	
	账号	2003301144072358223		账号	3000298222288015698	
	地址	上海市　开户行　工行上海市武昌支行		地址	湖南省　开户行　工行湘潭市支行	

金额	亿	千	百	十	万	千	百	十	元	角	分
人民币（大写）叁万捌仟玖佰元整				¥	3	8	9	0	0	0	0

款项内容	货款	托收凭证名称	销售发票、运费单等	附寄单据张数	3
商品发送情况	已发送	合同名称号码	20150218		
备注： 收款人开户银行收到日期 年　月　日	上述款项已划入你方账户内 收款人开户银行签章 年　月　日	复核　记账			

此联付款人开户行凭以汇款或收款人开户银行作收账通知

表 4-55

中国工商银行托收凭证（付款通知）5

No:34709022　　　　委托日期：2015 年 3 月 25 日

业务类型	委托收款（□邮划 □电划）　托收承付（□邮划 □电划）					
付款人	全称	上海机械公司	收款人	全称	湘潭市东风机械股份有限公司	
	账号	200330114407235822 3		账号	3000298222288015698	
	地址	上海市　开户行　工行上海市武昌支行		地址	湖南省　开户行　工行湘潭市支行	
金额	人民币（大写）叁万捌仟玖佰元整				亿 千 百 十 万 千 百 十 元 角 分：¥ 3 8 9 0 0 0 0	
款项内容	货款	托收凭证名称	销售发票、运费单等	附寄单据张数	3	
商品发送情况	已发送	合同名称号码	20150218			

备注： 收款人开户银行收到日期 年　月　日 复核　　记账	收款人开户银行签章 年　月　日	付款人注意： 1．根据支付结算办法，上列委托收款（托收承付）款项在付款期限内未提出拒付，即视作同意付款，以此代付款通知。 2．如需提出全部或部分拒付，应在规定期限内，将拒绝付款理由书并附债务证明退交本行。

此联作付款人开户行给付款人的付款通知

（2）收款人开户银行审查受理后，将托收凭证第一联回单联加盖银行业务受理章后退回收款人（见表 4-56）。

表 4-56

中国工商银行托收凭证（受理回单）1

No:34709022　　　　委托日期：2015 年 3 月 25 日

业务类型	委托收款（□邮划 □电划）　托收承付（□邮划 □电划）					
付款人	全称	上海机械公司	收款人	全称	湘潭市东风机械股份有限公司	
	账号	2003301144072358223		账号	3000298222288015698	
	地址	上海市　开户行　工行上海市武昌支行		地址	湖南省　开户行　工行湘潭市支行	
金额	人民币（大写）叁万捌仟玖佰元整				亿 千 百 十 万 千 百 十 元 角 分：¥ 3 8 9 0 0 0 0	
款项内容	货款	托收凭证名称	销售发票、运费单等	附寄单据张数	3	
商品发送情况	已发送	合同名称号码	20150218			

备注： 复核　　记账	款项收妥日期 年　月　日	收款人开户银行签章 年　月　日

（印章：中国工商银行 湘潭市支行 15.03.25 业务受理章）

此联作收款人开户银行给收款人的受理回单

（3）湘潭市东风机械股份有限公司会计人员根据销货发票、代垫运费支付凭证、托收凭证回单等编制记账凭证（见表4-57）。

表4-57

记 账 凭 证

2015年3月25日　　　　　　　　　　　　记字第14号

摘要	会计科目		借方金额									贷方金额									账页
	总账科目	明细科目	百	十	万	千	百	十	元	角	分	百	十	万	千	百	十	元	角	分	或√
销售产品	应收账款				3	8	9	0	0	0	0										
	主营业务收入													3	0	0	0	0	0	0	
	应交税费	增值税													5	1	0	0	0	0	
	银行存款														3	8	0	0	0	0	√
合计				¥	3	8	9	0	0	0	0		¥	3	8	9	0	0	0	0	

附件3张

财务主管：王红　记账：陈艳　出纳：刘胜　审核：王红　制单：张小　受款人：

（4）出纳人员根据审核无误的记账凭证序时登记银行存款日记账（见表4-58），并在记账凭证对应栏内画“√”。

表4-58

银行存款日记账

2015年		凭证		票据号数	摘要	借方								√	贷方								√	余额									√
月	日	字	号			十	万	千	百	十	元	角	分		十	万	千	百	十	元	角	分		百	十	万	千	百	十	元	角	分	
3	1				期初余额																			4	2	9	3	8	6	5	1	5	
3	13	记	1	略	存现			4	7	5	0	0	0											4	2	9	8	6	1	5	1	5	
3	15	记	2	略	提现												3	0	0	0	0	0		4	2	9	5	6	1	5	1	5	
3	19	记	5	略	支付工本费														2	5	0	0		4	2	9	5	5	9	0	1	5	
3	19	记	6	略	提现												1	0	0	0	0	0		4	2	9	4	5	9	0	1	5	
3	20	记	7	略	支付广告费												8	0	0	0	0	0		4	2	8	6	5	9	0	1	5	
3	20	记	8	略	收回货款			5	8	5	0	0	0											4	2	9	2	4	4	0	1	5	
3	21	记	10	略	支付手续费														1	7	5	5		4	2	9	2	4	2	2	6	0	
3	23	记	11	略	收回票款		5	8	5	0	0	0	0											4	3	5	0	9	2	2	6	0	
3	25	记	12	略	申请汇票										1	5	0	0	0	0	0	0		4	2	0	0	9	2	2	6	0	
3	25	记	13	略	销售商品		9	3	6	0	0	0	0											4	2	9	4	5	2	2	6	0	
3	25	记	14	略	代垫运杂费												3	8	0	0	0	0		4	2	9	0	7	2	2	6	0	

（5）收款人开户银行将有关单证寄交付款人开户银行，以通知付款人。

收款人开户银行和付款人开户银行进行票据交换、审核、资金的划拨，款项收到后收款人开户银行通知收款人办理收款（见表 4-59）。

表 4-59

中国工商银行托收凭证（汇款依据或收账通知）4

No:34709022　　　　委托日期：2015 年 3 月 25 日

业务类型		委托收款（□邮划 □电划）　托收承付（□邮划 □电划）					
付款人	全称	上海机械公司		收款人	全称	湘潭市东风机械股份有限公司	
	账号	2003301144072358223			账号	3000298222288015698	
	地址	上海市	开户行：工行上海市武昌支行		地址	湖南省	开户行：工行湘潭市支行
金额	人民币（大写）叁万捌仟玖佰元整					亿 千 百 十 万 千 百 十 元 角 分	¥ 3 8 9 0 0 0 0
款项内容	货款	托收凭证名称	销售发票、运费单等		附寄单据张数	3	
商品发送情况	已发送	合同名称号码	20150218				
备注： 收款人开户银行收到日期 2015 年 3 月 28 日		上述款项已划入你方账户内 中国工商银行湘潭市支行 2015.03.28 业务清讫 收款人开户银行签章 2015年 3 月 28 日			复核　记账		

此联付款人开户行凭以汇款或收款人开户银行作收账通知

（6）湘潭市东风机械股份有限公司会计人员根据开户银行转来的托收凭证第四联收账通知编制记账凭证（见表 4-60）。

表 4-60

记 账 凭 证

2015 年 3 月 28 日　　　　记字第 15 号

摘要	会计科目：总账科目	明细科目	借方金额：百	十	万	千	百	十	元	角	分	贷方金额：百	十	万	千	百	十	元	角	分	账页或√
收到货款	银行存款				3	8	9	0	0	0	0										
	应收账款													3	8	9	0	0	0	0	
合计				¥	3	8	9	0	0	0	0		¥	3	8	9	0	0	0	0	

附件 1 张

财务主管：王红　记账：陈艳　出纳：刘胜　审核：王红　制单：张小　受款人：

（7）湘潭市东风机械股份有限公司出纳人员根据审核无误的记账凭证，序时登记银行存款日记账（见表 4-61）。

表 4-61

银行存款日记账

2015年		凭证		票据号数	摘要	借方								√	贷方								√	余额									√
月	日	字	号			十	万	千	百	十	元	角	分		十	万	千	百	十	元	角	分		百	十	万	千	百	十	元	角	分	
3	1				期初余额																			4	2	9	3	8	6	5	1	5	
3	13	记	1	略	存现			4	7	5	0	0	0											4	2	9	8	6	1	5	1	5	
3	15	记	2	略	提现												3	0	0	0	0	0		4	2	9	5	6	1	5	1	5	
3	19	记	5	略	支付工本费														2	5	0	0		4	2	9	5	5	9	0	1	5	
3	19	记	6	略	提现												1	0	0	0	0	0		4	2	9	4	5	9	0	1	5	
3	20	记	7	略	支付广告费												8	0	0	0	0	0		4	2	8	6	5	9	0	1	5	
3	20	记	8	略	收回货款			5	8	5	0	0	0											4	2	9	2	4	4	0	1	5	
3	21	记	10	略	支付手续费														1	7	5	5		4	2	9	2	4	2	2	6	0	
3	23	记	11	略	收回票款		5	8	5	0	0	0	0											4	3	5	0	9	2	2	6	0	
3	25	记	12	略	申请汇票										1	5	0	0	0	0	0	0		4	2	0	0	9	2	2	6	0	
3	25	记	13	略	销售商品		9	3	6	0	0	0	0											4	2	9	4	5	2	2	6	0	
3	25	记	14	略	代垫运杂费												3	8	0	0	0	0		4	2	9	0	7	2	2	6	0	
3	28	记	15	略	收到货款		3	8	9	0	0	0	0											4	3	2	9	6	2	2	6	0	

子任务二　托收承付付款业务

任务导入

2015 年 3 月，湘潭市东风机械股份有限公司与岳阳恒申有限公司签订购销合同，合同约定采用托收承付验货付款方式结算，采购材料金额为 50 000 元。3 月 24 日，湘潭市东风机械股份有限公司收到开户银行转来的托收凭证付款通知，以及寄附的增值税专用发票（见表 4-62 ～表 4-64）。3 月 28 日，湘潭市东风机械股份有限公司收到提货通知，当天提货后验收无误入库。请完成湘潭市东风机械股份有限公司以上业务的结算处理。

表 4-62

湖南省增值税专用发票

发票联

2015 年 3 月 22 日　　No 3200063170

购货单位	名　　称：湘潭市东风机械股份有限公司 纳税人识别号：430304101400148 地 址、电 话：湘潭市河西大道 10 号 0731-54321000 开户行及账号：工行湘潭市支行 3000298222288015698	密码区	（略）

货物或应税劳务名称	规格型号	单位	数量	单价	金额	税率	税额
甲产品	X	件	500	100.00	50 000.00	17%	8 500.00
价税合计（大写）	伍万捌仟伍佰元整　　¥58500.00						

销货单位	名　　称：岳阳恒申有限公司 纳税人识别号：32012248823391 地 址、电 话：岳阳市庆春路 83 号 0571-86739157 开户行及账号：建行岳阳市支行 4000569874562138954	备注	岳阳恒申有限公司 销售专用章

收款人：张敏　　复核：王菇　　开票人：张敏　　销货单位（章）

第二联：发票联，购货方记账

表 4-63

湖南省增值税专用发票

抵扣联

2015 年 3 月 22 日　　No 3200063170

购货单位	名　　称：湘潭市东风机械股份有限公司 纳税人识别号：430304101400148 地 址、电 话：湘潭市河西大道 10 号 0731-54321000 开户行及账号：工行湘潭市支行 3000298222288015698	密码区	（略）

货物或应税劳务名称	规格型号	单位	数量	单价	金额	税率	税额
甲产品	X	件	500	100.00	50 000.00	17%	8 500.00
价税合计（大写）	伍万捌仟伍佰元整　　¥58500.00						

销货单位	名　　称：岳阳恒申有限公司 纳税人识别号：32012248823391 地 址、电 话：岳阳市庆春路 83 号 0571-86739157 开户行及账号：建行岳阳市支行 4000569874562138954	备注	岳阳恒申有限公司 销售专用章

收款人：张敏　　复核：王菇　　开票人：张敏　　销货单位（章）

第三联：抵扣联，购货方扣税凭证

表 4-64

中国工商银行托收凭证（付款通知）5

No:34709022　　委托日期：2015 年 3 月 22 日　　付款期限：2015 年 4 月 3 日

业务类型	委托收款（□邮划 □电划）			托收承付（□邮划□电划）		
付款人	全称	湘潭市东风机械股份有限公司	收款人	全称	岳阳恒申有限公司	
	账号	30002982222288015698		账号	40005698745621389 54	
	地址	湖南省　开户行　工行湘潭市支行		地址	湖南省　开户行　建行岳阳市支行	
金额	人民币（大写）伍万捌仟伍佰元整					
款项内容	货款	托收凭证名称	销售发票等	附寄单据张数	2	
商品发送情况	已发送	合同名称号码	20150309			
备注： 收款人开户银行收到日期 年 月 日 复核　记账	中国工商银行湘潭市支行 15.03.22 业务受理章 收款人开户银行签章 年 月 日	付款人注意： 1. 根据支付结算办法，上列委托收款（托收承付）款项在付款期限内未提出拒付，即视作同意付款，以此代付款通知。 2. 如需提出全部或部分拒付，应在规定期限内，将拒绝付款理由书并附债务证明退交本行。				

亿	千	百	十	万	千	百	十	元	角	分
			¥	5	8	5	0	0	0	0

此联付款人开户行给付款人的付款通知

知识链接

验货付款的承付期为 10 天，从运输部门向付款人发出提货通知的次日算起。对收付双方在合同中明确规定，并在托收凭证上注明验货付款期限的，银行从其规定。付款人收到提货通知后，应立即向银行交验提货通知。付款人在银行发出承付通知的次日起 10 天内，未收到提货通知的，应在第 10 天将货物尚未到达的情况通知银行。在第 10 天付款人没有通知银行的，银行即视作已经验货，于 10 天期满的次日上午银行开始营业时，将款项划给收款人；在第 10 天付款人通知银行货物未到，而以后收到提货通知没有及时送交银行，银行仍按 10 天期满的次日作为划款日期，按超过的天数，计扣逾期付款赔偿金。

任务实施

（1）审查收到的付款通知和发票上注明的采购商品品名、规格、数量、价格、金额等是否与合同相符；对提到的货物进行验收。验收无误后，无论是不是通知银行付款，都进行如下处理：湘潭市东风机械股份有限公司会计人员根据付款通知、发票、入库单等编制记账凭证（见表 4-65）。

表 4-65

记　账　凭　证

2015 年 3 月 28 日　　　　记字 第 16 号

摘　要	会计科目		借方金额									贷方金额									账页	
	总账科目	明细科目	百	十	万	千	百	十	元	角	分	百	十	万	千	百	十	元	角	分	或√	
采购付款	原材料				5	0	0	0	0	0	0											附
	应交税费	应交增值税				8	5	0	0	0	0											件
	银行存款													5	8	5	0	0	0	0		3
																						张
合　计				¥	5	8	5	0	0	0	0		¥	5	8	5	0	0	0	0		

会计主管：王红　　记账：陈艳　　制单：张小　　出纳：李胜

（2）湘潭市东风机械股份有限公司出纳人员根据审核无误的记账凭证，序时登记银行存款日记账（见表 4-66）。

表 4-66

银　行　存　款　日　记　账

2015年		凭证		票据号数	摘要	借方								√	贷方								√	余额									√
月	日	字	号			十	万	千	百	十	元	角	分		十	万	千	百	十	元	角	分		百	十	万	千	百	十	元	角	分	
3	1				期初余额																			4	2	9	3	8	6	5	1	5	
3	13	记	1	略	存现			4	7	5	0	0	0											4	2	9	8	6	1	5	1	5	
3	15	记	2	略	提现												3	0	0	0	0	0		4	2	9	5	6	1	5	1	5	
3	19	记	5	略	支付工本费														2	5	0	0		4	2	9	5	5	9	0	1	5	
3	19	记	6	略	提现												1	0	0	0	0	0		4	2	9	4	5	9	0	1	5	
3	20	记	7	略	支付广告费												8	0	0	0	0	0		4	2	8	6	5	9	0	1	5	
3	20	记	8	略	收回货款			5	8	5	0	0	0											4	2	9	2	4	4	0	1	5	
3	21	记	10	略	支付手续费														1	7	5	5		4	2	9	2	4	2	2	6	0	
3	23	记	11	略	收回票款		5	8	5	0	0	0	0											4	3	5	0	9	2	2	6	0	
3	25	记	12	略	申请汇票										1	5	0	0	0	0	0	0		4	2	0	0	9	2	2	6	0	
3	25	记	13	略	销售商品		9	3	6	0	0	0	0											4	2	9	4	5	2	2	6	0	
3	25	记	14	略	代垫运杂费												3	8	0	0	0	0		4	2	9	0	7	2	2	6	0	
3	28	记	15	略	收到货款		3	8	9	0	0	0	0											4	3	2	9	6	2	2	6	0	
3	28	记	16	略	支付货款											5	8	5	0	0	0	0		4	2	7	1	1	2	2	6	0	

想一想

在子任务二中，若湘潭市东风机械股份有限公司经查验货物，发现发来的货物与合同不符，要拒付全部款项。请你填制相关的原始凭证，并说明办理业务的流程。

托收承付　　　全部

委托收款　结算　部分　拒付理由书（回单或付款通知）1

拒付日期：　年　月　日

<table>
<tr><td rowspan="3">付款人</td><td>全称</td><td colspan="3"></td><td rowspan="3">收款人</td><td colspan="2">全称</td><td colspan="7"></td></tr>
<tr><td>账号</td><td colspan="3"></td><td colspan="2">账号</td><td colspan="7"></td></tr>
<tr><td>开户银行</td><td colspan="3"></td><td colspan="2">开户银行</td><td colspan="7"></td></tr>
<tr><td rowspan="2">托收金额</td><td rowspan="2">拒付金额</td><td rowspan="2"></td><td rowspan="2">部分拒付</td><td>亿</td><td>千</td><td>百</td><td>十</td><td>万</td><td>千</td><td>百</td><td>十</td><td>元</td><td>角</td><td>分</td></tr>
<tr><td></td><td></td><td></td><td></td><td></td><td></td><td></td><td></td><td></td><td></td><td></td></tr>
<tr><td colspan="2">附寄单据</td><td></td><td colspan="3">部分付款的金额（大写）</td><td colspan="9"></td></tr>
<tr><td colspan="6">拒付理由：
付款人签章</td><td colspan="9"></td></tr>
</table>

任务六　委托收款结算业务

子任务一　委托收款收款业务

任务导入

2015 年 3 月 28 日，湘潭市东风机械股份有限公司根据与上海机械公司签订的购销合同将一批货物托运，买价 40 000 元，增值税款 6 800 元，垫付运费 4 000 元，当日向银行办妥委托收款手续。上海机械公司账号 2003301144072358223，开户银行为中国工商银行上海市武昌支行。3 月 30 日，湘潭市东风机械股份有限公司收到开户银行的收账通知，收到上述款项。请完成湘潭市东风机械股份有限公司以上业务的结算处理。

知识链接

一、委托收款结算规定

（1）委托收款是收款人委托银行向付款人收取款项的结算方式。

（2）委托收款在同城、异地均可以使用，单位和个人凭已承兑商业汇票、债券、存单等付款人债务证明办理款项的结算，均可以使用委托收款结算方式。

（3）委托收款结算无金额起点限制。

二、委托收款结算程序

（1）委托。收款人向银行提交委托收款凭证和有关的债务证明。委托收款凭证一式五联，同托收承付托收凭证。

托收凭证一式五联，第一联作银行给收款人的受理回单，第二联作收款人开户银行贷方凭证，第三联作付款人开户银行借方凭证，第四联作付款人开户银行凭以汇款或收款人开户银行收账通知，第五联作付款人开户银行给付款人的按期付款通知。

办理委托收款结算，托收凭证必须记载下列事项：表明委托收款的字样；确定的金额；付款人名称及账号；收款人名称及账号；付款人开户银行名称；收款人开户银行名称；托收附寄单证张数或册数；委托日期；收款人签章。如收款人是未在银行开立存款账户的个人，委托收款凭证必须记载被委托银行名称；欠缺记载的，银行将不予受理。

（2）银行审查受理后，将托收凭证第一联回单联加盖业务受理章后退回收款人。若为收款人销售货物、提供劳务办理的委托收款，收款方应根据有关原始凭证编制记账凭证，确认债权和收入，借方记入“应收账款”科目，贷方记入“主营业务收入”、“应交税费——应交增值税（销项税额）”等相关科目；若为已确认负债，如到期商业汇票的委托收款，则不再做确认负债的账务处理。

（3）收款人开户银行将有关单证寄交付款人开户银行，付款人开户银行收到托收凭证和附件后，及时通知付款人付款。付款人收到银行转来的付款通知和相关债务证明应签收。

（4）付款人应审查接到的付款通知和债务证明，确认无误的应于接到通知的当日书面通知银行付款。付款人未在接到通知日的次日起 3 日内通知银行付款的，视为付款人同意付款，银行应于付款人接到通知日的次日起第 4 日上午开始营业时，将款项划给收款人。收款人收到托收凭证付款通知联，编制记账凭证，借方记“银行存款”科目，贷方记“应收账款”、“应收票据”等科目。

若银行在办理划款时，付款人存款账户不足支付的，被委托银行向收款人发出未付款项通知书。按照有关办法规定，债务证明留存付款人开户银行的，债务证明连同未付款项通知书通过被委托银行转交收款人。

付款人审查有关债务证明后，对收款人委托收取的款项需要拒绝付款的，在接到付款通知之日的次日起 3 日内出具拒绝证明，持有债务证明的，应将其送交开户银行。银行没有审查拒付理由的责任，将拒绝证明、债务证明和有关凭证一并寄给被委托银行，转交收款人。

委托收款的结算程序如图 4-9 所示。

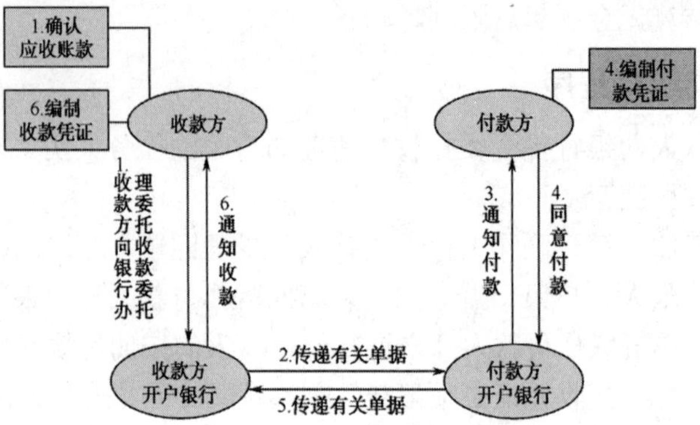

图 4-9　委托收款的结算程序

任务实施

湘潭市东风机械股份有限公司处理程序如下。

（1）填写一式五联托收凭证，提供购销合同、增值税专用发票、发运单据等资料，向开户银行申请委托收款（见表 4-67 ～表 4-71）。

表 4-67

中国工商银行托收凭证（受理回单）1

No:34709178　　　　委托日期：*2015* 年 *3* 月 *28* 日

业务类型	委托收款（□邮划□电划）　托收承付（□邮划□电划）			
付款人 全称	上海机械公司	收款人 全称	湘潭市东风机械股份有限公司	
付款人 账号	2003301144072358223	收款人 账号	3000298222288015698	
付款人 地址	上海市　开户行 工行上海市武昌支行	收款人 地址	湖南省　开户行 工行湘潭市支行	
金额	人民币（大写）伍万零捌佰元整	亿 千 百 十 万 千 百 十 元 角 分	¥ 5 0 8 0 0 0 0	
款项内容	货款	托收凭证名称	销售发票、运费单等	附寄单据张数 3
商品发送情况	已发送	合同名称号码	20150319	
备注： 复核　　记账	款项收妥日期 年　月　日		收款人开户银行签章 年　月　日	

此联作收款人开户银行给收款人的受理回单

表 4-68

中国工商银行托收凭证（贷方凭证）2

No:34709178　　　　委托日期：*2015* 年 *3* 月 *28* 日

业务类型	委托收款（□邮划□电划）　托收承付（□邮划□电划）																	
付款人	全称	上海机械公司			收款人	全称	湘潭市东风机械股份有限公司											
	账号	2003301144072358223				账号	3000298222288015698											
	地址	上海市	开户行	工行上海市武昌支行		地址	湖南省	开户行	工行湘潭市支行									
金额	人民币（大写）伍万零捌佰元整						亿	千	百	十	万	千	百	十	元	角	分	
										¥	5	0	8	0	0	0	0	
款项内容	货款	托收凭证名称	销售发票、运费单等			附寄单据张数	3											
商品发送情况	已发送	合同名称号码	20150319															
备注： 收款人开户银行收到日期 年　月　日	上述款项附有关债务证明，请予办理。 湘潭市东风机械股份有限公司 财务专用章 收款人签章					李晶印 复核　记账												

此联作收款人开户银行贷方凭证

表 4-69

中国工商银行托收凭证（借方凭证）3

No:34709178　　　　委托日期：*2015* 年 *3* 月 *28* 日

业务类型	委托收款（□邮划□电划）　托收承付（□邮划□电划）																	
付款人	全称	上海机械公司			收款人	全称	湘潭市东风机械股份有限公司											
	账号	2003301144072358223				账号	3000298222288015698											
	地址	上海市	开户行	工行上海市武昌支行		地址	湖南省	开户行	工行湘潭市支行									
金额	人民币（大写）伍万零捌佰元整						亿	千	百	十	万	千	百	十	元	角	分	
										¥	5	0	8	0	0	0	0	
款项内容	货款	托收凭证名称	销售发票、运费单等			附寄单据张数	3											
商品发送情况	已发送	合同名称号码	20150319															
备注： 收款人开户银行收到日期 年　月　日	收款人开户行签章 收款人签章					复核　记账												

此联作收款人开户银行贷方凭证

表 4-70

中国工商银行托收凭证（汇款依据或收账通知）4

No:34709178　　委托日期：*2015* 年 *3* 月 *28* 日

业务类型	委托收款（□邮划□电划）　托收承付（□邮划□电划）						
付款人	全称	上海机械公司		收款人	全称	湘潭市东风机械股份有限公司	
	账号	2003301144072358223			账号	3000298222288015698	
	地址	上海市	开户 工行上海市武昌支行		地址	湖南省	开户行 工行湘潭市支行

金额	亿	千	百	十	万	千	百	十	元	角	分
人民币（大写）伍万零捌佰元整				¥	5	0	8	0	0	0	0

款项内容	货款	托收凭证名称	销售发票、运费单等	附寄单据张数	3
商品发送情况	已发送	合同名称号码	20150319		

备注： 收款人开户银行收到日期 年　月　日	上述款项已划入你方账户内 收款人开户银行签章 年　月　日	复核　　记账

此联付款人开户行凭以汇款或收款人开户银行作收账通知

表 4-71

中国工商银行托收凭证（付款通知）5

No:34709178　　委托日期：*2015* 年 *3* 月 *28* 日

业务类型	委托收款（□邮划□电划）　托收承付（□邮划□电划）						
付款人	全称	上海机械公司		收款人	全称	湘潭市东风机械股份有限公司	
	账号	2003301144072358223			账号	3000298222288015698	
	地址	上海市	开户 工行上海市武昌支行		地址	湖南省	开户行 工行湘潭市支行

金额	亿	千	百	十	万	千	百	十	元	角	分
人民币（大写）伍万零捌佰元整				¥	5	0	8	0	0	0	0

款项内容	货款	托收凭证名称	销售发票、运费单等	附寄单据张数	3
商品发送情况	已发送	合同名称号码	20150319		

备注： 收款人开户银行收到日期 年　月　日 复核　　记账	收款人开户银行签章 年　月　日	付款人注意： 1. 根据支付结算办法，上列委托收款（托收承付）款项在付款期限内未提出拒付，即视作同意付款，以此代付款通知。 2. 如需提出全部或部分拒付，应在规定期限内，将拒绝付款理由书并附债务证明退交本行。

此联付款人开户行给付款人的付款通知

（2）收款人开户银行审查受理后，将托收凭证第一联回单联加盖银行业务受理章后退回收款人（见表 4-72）。

表 4-72

中国工商银行托收凭证（受理回单）1

No:34709178　　　　委托日期：*2015* 年 *3* 月 *28* 日

业务类型	委托收款（□邮划□电划）　托收承付（□邮划□电划）						
付款人	全称	上海机械公司		收款人	全称	湘潭市东风机械股份有限公司	
	账号	2003301144072358223			账号	3000298222288015698	
	地址	上海市	开户行：工行上海市武昌支行		地址	湖南省	开户行：工行湘潭市支行
金额	人民币（大写）伍万零捌佰元整						

亿	千	百	十	万	千	百	十	元	角	分
			¥	5	0	8	0	0	0	0

款项内容	货款	托收凭证名称	销售发票、运费单等	附寄单据张数	3
商品发送情况	已发送	合同名称号码	20150319		
备注： 复核　记账	款项收妥日期 年　月　日	中国工商银行 湘潭市支行 15.03.28 业务受理章 收款人开户银行签章 年　月　日			

此联作收款人开户银行给收款人的受理回单

（3）湘潭市东风机械股份有限公司会计人员根据销货发票、代垫运费支付凭证、托收凭证回单等编制记账凭证（见表 4-73）。

（4）湘潭市东风机械股份有限公司出纳人员根据审核无误的记账凭证，序时登记银行存款日记账（见表 4-74）。

（5）收款人开户银行将有关单证寄交付款人开户银行，以通知付款人。收款人开户银行和付款人开户银行进行票据交换、审核、资金的划拨，款项收到后收款人开户银行通知收款人办理收款（见表 4-75）。

表4-73

记 账 凭 证

2015年3月28日　　　　　　　　记字第17号

摘要	会计科目		借方金额									贷方金额									账页
	总账科目	明细科目	百	十	万	千	百	十	元	角	分	百	十	万	千	百	十	元	角	分	或√
销售产品	应收账款				5	0	8	0	0	0	0										
	主营业务收入													4	0	0	0	0	0	0	
	应交税费	应交增值税													6	8	0	0	0	0	
	银行存款														4	0	0	0	0	0	
合计				¥	5	0	8	0	0	0	0		¥	5	0	8	0	0	0	0	

附件3张

财务主管：王红　记账：陈艳　出纳：李胜　审核：王红　制单：张小　受款人：

表4-74

银行存款日记账

2015年		凭证		票据号数	摘要	借方								√	贷方								√	余额									√
月	日	字	号			十	万	千	百	十	元	角	分		十	万	千	百	十	元	角	分		百	十	万	千	百	十	元	角	分	
3	1				期初余额																			4	2	9	3	8	6	5	1	5	
3	13	记	1	略	存现			4	7	5	0	0	0											4	2	9	8	6	1	5	1	5	
3	15	记	2	略	提现												3	0	0	0	0	0		4	2	9	5	6	1	5	1	5	
3	19	记	5	略	支付工本费														2	5	0	0		4	2	9	5	5	9	0	1	5	
3	19	记	6	略	提现												1	0	0	0	0	0		4	2	9	4	5	9	0	1	5	
3	20	记	7	略	支付广告费												8	0	0	0	0	0		4	2	8	6	5	9	0	1	5	
3	20	记	8	略	收回货款			5	8	5	0	0	0											4	2	9	2	4	4	0	1	5	
3	21	记	10	略	支付手续费														1	7	5	5		4	2	9	2	4	2	2	6	0	
3	23	记	11	略	收回票款		5	8	5	0	0	0	0											4	3	5	0	9	2	2	6	0	
3	25	记	12	略	申请汇票										1	5	0	0	0	0	0	0		4	2	0	0	9	2	2	6	0	
3	25	记	13	略	销售商品		9	3	6	0	0	0	0											4	2	9	4	5	2	2	6	0	
3	25	记	14	略	代垫运杂费												3	8	0	0	0	0		4	2	9	0	7	2	2	6	0	
3	28	记	15	略	收到货款		3	8	9	0	0	0	0											4	3	2	9	6	2	2	6	0	
3	28	记	16	略	支付货款											5	8	5	0	0	0	0		4	2	7	1	1	2	2	6	0	
3	28	记	17	略	垫付运费												4	0	0	0	0	0		4	2	6	7	1	2	2	6	0	

表 4-75

中国工商银行托收凭证（汇款依据或收账通知）4

No:34709178　　　　委托日期：2015 年 3 月 28 日　　　　付款期限 2015 年 3 月 29 日

业务类型	委托收款（□邮划□电划）				托收承付（□邮划□电划）							
付款人	全称	上海机械公司			收款人	全称	湘潭市东风机械股份有限公司					
	账号	20033011440723 58223				账号	3000298222288015698					
	地址	上海市	开户行	工行上海市武昌支行		地址	湖南省	开户行	工行湘潭市支行			
金额	人民币（大写）伍万零捌佰元整				亿 千 百 十 万 千 百 十 元 角 分							
					¥ 5 0 8 0 0 0 0							
款项内容	货款	托收凭证名称	销售发票、运费单等		附寄单据张数	3						
商品发送情况	已发送	合同名称号码	20150319									
备注： 收款人开户银行收到日期 年 月 日	上述款项已划入你方账户内 中国工商银行湘潭市支行 2015.3.30 收款人开户银行签章 年 月 日				复核　记账							

此联付款人开户行凭以汇款或收款人开户银行作收账通知

（6）湘潭市东风机械股份有限公司会计人员根据开户银行转来的托收凭证第四联收账通知编制记账凭证（见表 4-76）。

（7）湘潭市东风机械股份有限公司出纳人员根据审核无误的记账凭证，序时登记银行存款日记账（见表 4-77）。

表 4-76

记 账 凭 证

2015年 3 月 30 日　　　　记字第18号

摘　要	会计科目		借方金额									贷方金额									账页或√
	总账科目	明细科目	百	十	万	千	百	十	元	角	分	百	十	万	千	百	十	元	角	分	
收到货款	银行存款				5	0	8	0	0	0	0										
	应收账款													5	0	8	0	0	0	0	
合　计				¥	5	0	8	0	0	0	0		¥	5	0	8	0	0	0	0	

附件 1 张

财务主管：王红　记账：陈艳　出纳：李胜　审核：王红　制单：张小　受款人：

表 4-77

银行存款日记账

2015年		凭证		票据号数	摘要	借方								√	贷方								√	余额									√
月	日	字	号			十	万	千	百	十	元	角	分		十	万	千	百	十	元	角	分		百	十	万	千	百	十	元	角	分	
3	1				期初余额																			4	2	9	3	8	6	5	1	5	
3	13	记	1	略	存现			4	7	5	0	0	0											4	2	9	8	6	1	5	1	5	
3	15	记	2	略	提现												3	0	0	0	0	0		4	2	9	5	6	1	5	1	5	
3	19	记	5	略	支付工本费														2	5	0	0		4	2	9	5	5	9	0	1	5	
3	19	记	6	略	提现												1	0	0	0	0	0		4	2	9	4	5	9	0	1	5	
3	20	记	7	略	支付广告费												8	0	0	0	0	0		4	2	8	6	5	9	0	1	5	
3	20	记	8	略	收回货款			5	8	5	0	0	0											4	2	9	2	4	4	0	1	5	
3	21	记	10	略	支付手续费														1	7	5	5		4	2	9	2	4	2	2	6	0	
3	23	记	11	略	收回票款		5	8	5	0	0	0	0											4	3	5	0	9	2	2	6	0	
3	25	记	12	略	申请汇票										1	5	0	0	0	0	0	0		4	2	0	0	9	2	2	6	0	
3	25	记	13	略	销售商品		9	3	6	0	0	0	0											4	2	9	4	5	2	2	6	0	
3	25	记	14	略	代垫运杂费												3	8	0	0	0	0		4	2	9	0	7	2	2	6	0	
3	28	记	15	略	收到货款		3	8	9	0	0	0	0											4	3	2	9	6	2	2	6	0	
3	28	记	16	略	支付货款											5	8	5	0	0	0	0		4	2	7	1	1	2	2	6	0	
3	28	记	17	略	垫付运费												4	0	0	0	0	0		4	2	6	7	1	2	2	6	0	
3	30	记	18	略	收到货款		5	0	8	0	0	0	0											4	3	1	7	9	2	2	6	0	

子任务二　委托收款付款业务

任务导入

湘潭市东风机械股份有限公司与市自来水公司签订的经济合同，向开户银行授权，开户银行同意对水费进行委托收款结算。2015 年 3 月 30 日，湘潭市东风机械股份有限公司收到开户银行转来的委托收款付款通知，以及寄附的增值税专用发票(见表 4-78 ～表 4-80)。请完成湘潭市东风机械股份有限公司以上业务的结算处理。

知识链接

在同城范围内，公用事业单位收取水电费、邮电费、煤气费、公房租金等费用，可以使用同城特约委托收款，但必须具有收付双方事先签订的经济合同，由付款人向开户银行授权，并经开户银行同意，报经中国人民银行当地分支行批准。

表 4-78

湖南省增值税专用发票

3200064322　　　　发票联　　　　No　13545436

2015 年 3 月 28 日

购货单位	名　　称：湘潭市东风机械股份有限公司 纳税人识别号：430304101400148 地 址 电 话：湘潭市河西大道 10 号 0731-54321000 开户行及账号：工行湘潭市支行3000298222288015698					密码区	（略）	
货物或应税劳务名称	规格型号	单位	数量	单价	金额	税率	税额	
自来水	车间用	吨	5000.00	3.00	15 000.00	17%	2 550.00	
自来水	厂部用	吨	100.00	3.00	300.00	17%	51.00	
价税合计（大写）	壹万柒仟玖佰零壹元整			￥17901.00				
销货单位	名　　称：湘潭市自来水公司 纳税人识别号：430389765432678 地 址 电 话：湘潭市建设路 8 号 0731-46739157 开户行及账号：建行湘潭支行 3000569874562138954					备注		

第二联：发票联，购货方记账

收款人：张容　　复核：刘可　　开票人：张容　　销货单位（章）

表 4-79

湖南省增值税专用发票

抵扣联

3200064322　　No 13545436

2015 年 3 月 28 日

购货单位	名　　称：湘潭市东风机械股份有限公司 纳税人识别号：430304101400148 地 址 电 话：湘潭市河西大道 10 号 0731-54321000 开户行及账号：工行湘潭市支行 3000298222288015698				密码区	（略）	
货物或应税劳务名称	规格型号	单位	数量	单价	金额	税率	税额
自来水	车间用	吨	5000.00	3.00	15 000.00	17%	2 550.00
自来水	厂部用	吨	100.00	3.00	300.00	17%	51.00
价税合计（大写）	壹万柒仟玖佰零壹元整　　¥17901.00						
销货单位	名　　称：湘潭市自来水公司 纳税人识别号：430389765432678 地 址 电 话：湘潭市建设路 8 号 0731-46739157 开户行及账号：建行湘潭支行 3000569874562138954				备注		

第三联：抵扣联，抵扣进项税

收款人：张容　　复核：刘可　　开票人：张容　　销货单位（章）

表 4-80

中国工商银行托收凭证（付款通知）5

No:20909123　　委托日期：2015 年 3月 28日

业务类型	委托收款（□邮划□电划）　托收承付（□邮划□电划）																
付款人	全称	湘潭市东风机械股份有限公司			收款人	全称	湘潭市自来水公司										
	账号	3000298222288015698				账号	3000569874562138954										
	地址	湖　南	开户行	工行湘潭市支行		地址	湖南省	开户行	建行湘潭支行								
金额	人民币（大写）壹万柒仟玖佰零壹元整						亿	千	百	十	万	千	百	十	元	角	分
										¥	1	7	9	0	1	0	0
款项内容	货款	托收凭证名称	销售发票等		附寄单据张数	2											
商品发送情况	已发送	合同名称号码	20150309														
备注： 收款人开户银行收到日期 年　月　日 复核　　记账		中国工商银行湘潭市支行 15.03.30 收款人开户银行签章 年　月　日			付款人注意： 1. 根据支付结算办法，上列委托收款（托收承付）款项在付款期限内未提出拒付，即视作同意付款，以此代付款通知。 2. 如需提出全部或部分拒付，应在规定期限内，将拒绝付款理由书并附债务证明退交本行。												

此联付款人开户行给付款人的付款通知

任务实施

（1）审查收到的付款通知和发票上注明的采购商品品名、规格、数量、价格、金额等。

湘潭市东风机械股份有限公司会计人员根据审核无误的付款通知、增值税专用发票等编制记账凭证（见表 4-81）。

表 4-81

记账凭证

2015 年　3 月　30 日　　　　记字第 19 号

摘　要	会计科目		借方金额									贷方金额									账页
	总账科目	明细科目	百	十	万	千	百	十	元	角	分	百	十	万	千	百	十	元	角	分	或√
支付水费	制造费用				1	5	0	0	0	0	0										
	管理费用						3	0	0	0	0										
	应交税费	应交增值税				2	6	0	1	0	0										
	银行存款													1	7	9	0	1	0	0	
合　　计				¥	1	7	9	0	1	0	0		¥	1	7	9	0	1	0	0	

附件 2 张

财务主管：王红　记账：陈艳　出纳：李胜　审核：王红　制单：张小　受款人：

（2）湘潭市东风机械股份有限公司出纳人员根据审核无误的记账凭证，序时登记银行存款日记账（见表 4-82）。

表 4-82

银行存款日记账

2015年		凭证		票据	摘要	借方								√	贷方								√	余额									√
月	日	字	号	号数		十	万	千	百	十	元	角	分		十	万	千	百	十	元	角	分		百	十	万	千	百	十	元	角	分	
3	1				期初余额																			4	2	9	3	8	6	5	1	5	
3	13	记	1	略	存现			4	7	5	0	0	0											4	2	9	8	6	1	5	1	5	
3	15	记	2	略	提现												3	0	0	0	0	0		4	2	9	5	6	1	5	1	5	
3	19	记	5	略	支付工本费														2	5	0	0		4	2	9	5	5	9	0	1	5	
3	19	记	6	略	提现												1	0	0	0	0	0		4	2	9	4	5	9	0	1	5	
3	20	记	7	略	支付广告费												8	0	0	0	0	0		4	2	8	6	5	9	0	1	5	
3	20	记	8	略	收回货款			5	8	5	0	0	0											4	2	9	2	4	4	0	1	5	
3	21	记	10	略	支付手续费														1	7	5	5		4	2	9	2	4	2	2	6	0	
3	23	记	11	略	收回票款		5	8	5	0	0	0	0											4	3	5	0	9	2	2	6	0	
3	25	记	12	略	申请汇票										1	5	0	0	0	0	0	0		4	2	0	0	9	2	2	6	0	
3	25	记	13	略	销售商品		9	3	6	0	0	0	0											4	2	9	4	5	2	2	6	0	

续表

2015年		凭证		票据号数	摘要	借方								√	贷方								√	余额									√
月	日	字	号			十	万	千	百	十	元	角	分		十	万	千	百	十	元	角	分		百	十	万	千	百	十	元	角	分	
3	25	记	14	略	代垫运杂费												3	8	0	0	0	0		4	2	9	0	7	2	2	6	0	
3	28	记	15	略	收到货款		3	8	9	0	0	0	0											4	3	2	9	6	2	2	6	0	
3	28	记	16	略	支付货款											5	8	5	0	0	0	0		4	2	7	1	1	2	2	6	0	
3	28	记	17	略	垫付运费												4	0	0	0	0	0		4	2	6	7	1	2	2	6	0	
3	30	记	18	略	收到货款		5	0	8	0	0	0	0											4	3	1	7	9	2	2	6	0	
3	30	记	19	略	支付水费											1	7	9	0	1	0	0		4	3	0	0	0	2	1	6	0	

想一想

1．什么是委托收款结算？
2．委托结算与托收承付结算相比，有何区别？

任务七　汇兑结算业务

任务导入

2015 年 3 月 30 日，湘潭市东风机械股份有限公司以电汇方式向武汉万兴钢材贸易有限公司支付采购材料款 9 360 元。

知识链接

一、汇兑概述

汇兑是汇款人委托银行将其款项支付给收款人的结算方式。单位和个人的各种款项的结算，不论汇款金额多少，均可使用汇兑结算方式。

汇兑根据划转款项的不同方法及传递方式的不同可以分为信汇和电汇两种，由汇款人自行选择。信汇是汇款人委托银行以邮寄的方式将款项支付给收款人。电汇是汇款人委托银行通过电报将款项划给收款人。

电汇凭证一式三联，第一联回单，是汇出银行给汇款人的回单；第二联借方凭证，为汇出银行办理转账付款的借方凭证；第三联发电依据，汇出银行据此向汇入银行拍发电报。

信汇凭证一式四联，第一联回单，是汇出银行给汇款人的回单；第二联借方凭证，由汇出银行作付出传票；第三联贷方凭证，由汇入银行作收款凭证；第四联收账通知或代取款收据。

二、汇兑结算的程序

汇兑结算的基本程序如下。

（1）汇款人委托开户行办理汇兑时，应填写一式四联的信汇凭证或一式三联的电汇凭证，详细填明汇款人名称、汇入地点、汇入行名称、收款人名称、汇出地点、汇出行名称、委托日期、确定的金额、汇款用途等内容，并在第二联“汇款人签章”处加盖预留银行印鉴。应注意根据收款人的不同情况填写汇兑凭证。

① 汇兑凭证记载的汇款人名称、收款人名称，其在银行开立存款账户的，必须记载其账号；欠缺记载的，银行不予受理。

② 汇兑凭证上记载收款人为未在银行开立存款账户的个人的，若汇款人派人到汇入行领取汇款，汇款人应在汇兑凭证各联的“收款人账号或地址”栏注明“留行待取”字样。留行待取的汇款，需要指定单位的收款人领取汇款的，应注明收款人的单位名称；信汇凭收款人签章支取的，应在第四联信汇凭证上预留其签章。

（2）汇出银行受理汇款人签发的汇兑凭证，经审查无误后，在第一联汇兑凭证加盖“转讫”章作回单交给汇款人，并应及时向汇入银行办理汇款。汇款人根据第一联汇兑凭证编制记账凭证，借记“有关科目”科目，贷记“银行存款”科目。

（3）汇款人办好汇兑手续后，应当传真汇兑凭证或电话通知收款单位，准备收款。

（4）银行之间内部划账。

（5）汇入银行根据收款人的不同情况分别处理。

① 对开立存款账户的收款人，应将汇给其的款项直接转入收款人账户，并向收款人发出收账通知。采用信汇方式的，汇入银行在第四联信汇凭证上加盖“转讫”章作收账通知交给收款人；采用电汇方式的，汇入银行应编制三联电划贷方补充报单，其中第三联加盖“转讫”章代收账通知。

② 对未在银行开立存款账户的收款人，以便条通知收款人来行办理取款手续。收款人持便条来行办理取款，留行待取的必须交验本人的身份证件，在取款收据（第四联信汇凭证或第三联电划贷方补充报单）上注明证件名称、号码及发证机关，并在收款人签盖章处签章；信汇凭签章支取的，收款人的签章必须与预留信汇凭证上的签章相符。银行审查无误后，以收款人的姓名开立应解汇款及临时存款账户，该账户只付不收，付完清户，不计付利息。

如果是现金汇兑结算，还应遵守以下规定：

① 汇款人和收款人均为个人，需要在汇入银行支取现金的，应在信、电汇凭证的汇款金额大写栏，先填写现金字样，后填写汇款金额。

② 需要支取现金的，信汇凭证上必须有按规定填明的“现金”字样，应一次办理现金支付手续；未注明“现金”字样，需要支取现金的，由汇入银行按照现金管理规定审查支付。需要分次支付的，每次支款应由收款人填制“支款凭证”。

需要转汇的，应由原收款人向银行填制信、电汇凭证上加盖“转汇”戳记。

汇款人对汇出银行尚未汇出的款项可以申请撤销，申请撤销时，应出具正式函件或本人身份证件及原信、电汇回单。

汇兑结算的基本程序如图 4-10 所示。

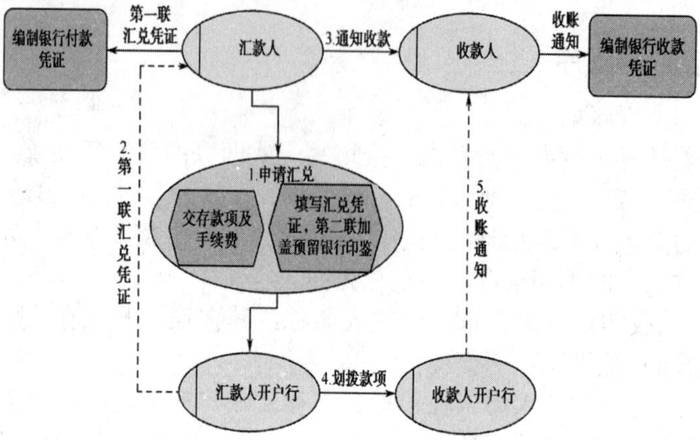

图 4-10　汇总结算的基本程序

任务实施

湘潭市东风机械股份有限公司以电汇方式支付材料款的程序如下。

1. 填写电汇凭证

2015 年 3 月 24 日，湘潭市东风机械股份有限公司出纳人员填写一式三联的电汇凭证，在第二联“汇款人盖章”处加盖预留银行印鉴，交给自己的开户行（见表 4-83）。

表 4-83

中国工商银行电汇凭证（借方凭证）2

委托日期　2015 年 3 月 30 日　　　　第 012875 号

汇款人	全称	湘潭市东风机械股份有限公司	收款人	全称	武汉万兴钢材贸易有限公司
	账号或地址	3000298222288015698		账号或地址	6021554973884095462
	汇出地点	湖南 省 湘潭 市/县　汇出行名称　中国工商银行湘潭市支行		汇入地点	湖北 省 武汉 市/县　汇入行名称　工行武汉黄冈支行
金额	人民币（大写）	⊗ 玖仟叁佰陆拾元整			千 百 十 万 千 百 十 元 角 分 ¥ 9 3 6 0 0 0
此汇款支付给收款人。 李晶印 汇款人签章		湘潭市东风机械股份有限公司 财务专用章			支付密码： 附加信息及用途： 付货款 2015年 3月 30日

2. 银行办理电汇

湘潭市东风机械股份有限公司开户行审核无误后收取 8 元手续费及邮电费，将第一联电汇凭证加盖“转讫”章后退回，如表 4-84 所示。

表 4-84

中国工商银行电汇凭证（回单）　　1

委托日期 2015 年 3 月 30 日　　　　第 012875 号

汇款人	全称	湘潭市东风机械股份有限公司						收款人	全称	武汉万兴钢材贸易有限公司											
	账号或地址	3000298222288015698							账号或地址	6021554973884095462											
	汇出地点	湖南	省	湘潭	市/县	汇出行名称	中国工商银行湘潭市支行		汇入地点	湖北	省	武汉	市/县	汇入行名称	工行武汉黄冈支行						
金额	人民币（大写）	玖仟叁佰陆拾元整										千	百	十	万	千	百	十	元	角	分
															¥	9	3	6	0	0	0
此汇款支付给收款人。 李晶印 湘潭市东风机械股份有限公司 财务专用章 汇款人签章							汇出行签章	支付密码： 附加信息及用途： 付货款 2015年3月30日													

中国工商银行湘潭市支行 15.03.30 转讫

3. 编制记账凭证

湘潭市东风机械股份有限公司会计人员根据退回的第一联电汇凭证及发票，编制记账凭证，如表 4-85 所示。

表 4-85

记 账 凭 证

2015 年 3 月 30 日　　　　记字第 20 号

摘要	会计科目		借方金额									贷方金额									账页
	总账科目	明细科目	百	十	万	千	百	十	元	角	分	百	十	万	千	百	十	元	角	分	或√
付材料款	材料采购					8	0	0	0	0	0										
	应交税费	应交增值税				1	3	6	0	0	0										
	财务费用								8	0	0										
	银行存款														9	3	6	8	0	0	
合　　计					¥	9	3	6	8	0	0			¥	9	3	6	8	0	0	

附件 2 张

财务主管：王红　记账：　出纳：李胜　审核：王红　制单：张小　受款人

4. 登记银行存款日记账

湘潭市东风机械股份有限公司出纳人员根据记账凭证，登记银行存款日记账（见表 4-86）。

表 4-86

银行存款日记账

2015年		凭证		票据号数	摘要	借方								√	贷方								√	余额									√
月	日	字	号			十	万	千	百	十	元	角	分		十	万	千	百	十	元	角	分		百	十	万	千	百	十	元	角	分	
3	1				期初余额																			4	2	9	3	8	6	5	1	5	
3	13	记	1	略	存现			4	7	5	0	0	0											4	2	9	8	6	1	5	1	5	
3	15	记	2	略	提现												3	0	0	0	0	0		4	2	9	5	6	1	5	1	5	
3	19	记	5	略	支付工本费														2	5	0	0		4	2	9	5	5	9	0	1	5	
3	19	记	6	略	提现												1	0	0	0	0	0		4	2	9	4	5	9	0	1	5	
3	20	记	7	略	支付广告费												8	0	0	0	0	0		4	2	8	6	5	9	0	1	5	
3	20	记	8	略	收回货款			5	8	5	0	0	0											4	2	9	2	4	4	0	1	5	
3	21	记	10	略	支付手续费														1	7	5	5		4	2	9	2	4	2	2	6	0	
3	23	记	11	略	收回票款		5	8	5	0	0	0	0											4	3	5	0	9	2	2	6	0	
3	25	记	12	略	申请汇票										1	5	0	0	0	0	0	0		4	2	0	0	9	2	2	6	0	
3	25	记	13	略	销售商品		9	3	6	0	0	0	0											4	2	9	4	5	2	2	6	0	
3	25	记	14	略	代垫运杂费												3	8	0	0	0	0		4	2	9	0	7	2	2	6	0	
3	28	记	15	略	收到货款		3	8	9	0	0	0	0											4	3	2	9	6	2	2	6	0	3
3	28	记	16	略	支付货款											5	8	5	0	0	0	0		4	2	7	1	1	2	2	6	0	3
3	28	记	17	略	垫付运费												4	0	0	0	0	0		4	2	6	7	1	2	2	6	0	3
3	30	记	18	略	收到货款		5	0	8	0	0	0	0											4	3	1	7	9	2	2	6	0	3
3	30	记	19	略	支付水费											1	7	9	0	1	0	0		4	3	0	0	0	2	1	6	0	3
3	30	记	20	略	付材料款												9	3	6	8	0	0		4	2	9	0	6	5	3	6	0	3

想一想

1．什么是汇兑结算方式？其流程是怎样的？

2．电汇与信汇的区别是什么？如何选择？

任务八　信用卡结算业务

任务导入

2015 年 3 月 30 日，湘潭市东风机械股份有限公司填制单位信用卡申请表，连同有关资料一并送交发卡银行，向银行申请办理单位信用卡。经银行审查同意并向银行交存 30 000 元备用金。当天银行办理完毕，发给信用卡。3 月 31 日，信用卡持有人持卡到特约商场购买了办公用品。

请完成湘潭市东风机械股份有限公司以上业务的结算处理。

知识链接

一、信用卡概述

（1）信用卡是指商业银行向个人和单位发行的，凭以向特约单位购物、消费和向银行存取现金，且具有消费信用的特制载体卡片。

（2）信用卡按使用对象分为单位卡和个人卡；按信誉等级分为金卡和普通卡。

（3）在中华人民共和国境内金融机构开立基本存款账户的单位可申领单位卡。单位卡可申领若干张，持卡人资格由申领单位法定代表人或其委托的代理人书面指定和注销。

（4）单位卡账户的资金一律从其基本存款账户转账存入，不得交存现金，不得将销货收入的款项存入其账户。

（5）持卡人可持信用卡在特约单位购物、消费，单位卡一律不得支取现金。单位卡不得用于 10 万元以上的商品交易、劳务供应款项的结算。

（6）持卡人不需要继续使用信用卡的，应持信用卡主动到发卡银行办理销户。销户时，单位卡账户余额转入其基本存款账户，不得提取现金。

二、信用卡结算程序

（1）单位申领信用卡，应按规定填制申请表，连同有关资料一并送交发卡银行。符合条件的将开出转账支票，并填制两联进账单，向银行交存一定金额的备用金，银行为申领人开立信用卡存款账户，并发给信用卡。

（2）根据银行退回的两联进账单第一联，编制记账凭证，借方记入“其他货币资金——信用卡存款”科目，贷方记入“银行存款”科目。

（3）持卡人向特约单位购物、消费，应向特约单位收款员出示本人身份证和信用卡。特约单位在销货或提供服务时，填制一式四联直接购货签购单，第一联为持卡人存根，第二联为发卡银行信用卡部存根，第三联为代理存根，第四联为特约单位存根。收款员对持卡人出示的信用卡进行审查，包括信用卡是否在有效期内、是否已经止付、与身份证是否相符等，核对无误后，请持卡人在签购单上签名，签名式样必须与信用卡背面预留签名一致，盖章后将第一联签购单退还给持卡人。如需开具发票，由收款员另开发票交持卡人。

（4）会计人员根据特约单位退回的签购单第一联和发票等原始凭证编制记账凭证，借方记入“材料采购”、“管理费用”等科目，贷方记入“其他货币资金——信用卡存款”科目。

（5）特约单位在每日营业终了，应将当日受理的信用卡签购单汇总，计算手续费和净计金额，并填写汇（总）计单和进账单，连同签购单一并送交收单银行办理进账。收单银行接到特约单位送交的各种单据，经审查无误后，为特约单位办理进账。

（6）收款单位凭银行退回的进账单收账通知联和相关原始凭证编制记账凭证，借方记入“银行存款”科目，贷方记入“主营业务收入”、“应交税费——应交增值税（销项税额）”等科目。

任务实施

湘潭市东风机械股份有限公司处理程序如下：

（1）填制单位信用卡申请表，连同有关资料一并送交发卡银行，向银行申请办理单位信用卡。申请表中注明申请单位信息，信用卡主卡及附属卡持有人信息，由单位加盖公章，并由单位负责人签字。

（2）银行受理后，开出转账支票并填制两联进账单，从基本账户转出一定金额的备用金到信用卡中。

（3）会计人员根据转账支票存款及银行退回的进账单第一联“回单或收账通知”联，编制记账凭证（见表 4-87）。

表 4-87

记 账 凭 证

2015 年 3 月 30 日　　　　记字第 21 号

摘　要	会计科目		借方金额									贷方金额									账页
	总账科目	明细科目	百	十	万	千	百	十	元	角	分	百	十	万	千	百	十	元	角	分	或√
信用卡备用金	其他货币资金	信用卡存款			3	0	0	0	0	0	0										
	银行存款													3	0	0	0	0	0	0	
合　　计				¥	3	0	0	0	0	0	0		¥	3	0	0	0	0	0	0	

附件 2 张

财务主管：王红　记账：陈艳　出纳：李胜　审核：王红　制单：张小　受款人：

（4）出纳人员根据审核无误的记账凭证，序时登记银行存款日记账（见表4-88）。

（5）信用卡持有人持卡到特约商场购买了办公用品，交回签购单第一联和购物发票（见表4-89和表4-90）。

（6）会计人员根据持卡人交回的签购单第一联和购物发票编制记账凭证（见表4-91）。

表4-88

银行存款日记账

2015年		凭证		票据号数	摘要	借方								√	贷方								√	余额									√
月	日	字	号			十	万	千	百	十	元	角	分		十	万	千	百	十	元	角	分		百	十	万	千	百	十	元	角	分	
3	1				期初余额																			4	2	9	3	8	6	5	1	5	
3	13	记	1	略	存现			4	7	5	0	0	0											4	2	9	8	6	1	5	1	5	
3	15	记	2	略	提现												3	0	0	0	0	0		4	2	9	5	6	1	5	1	5	
3	19	记	5	略	支付工本费														2	5	0	0		4	2	9	5	5	9	0	1	5	
3	19	记	6	略	提现												1	0	0	0	0	0		4	2	9	4	5	9	0	1	5	
3	20	记	7	略	支付广告费												8	0	0	0	0	0		4	2	8	6	5	9	0	1	5	
3	20	记	8	略	收回货款			5	8	5	0	0	0											4	2	9	2	4	4	0	1	5	
3	21	记	10	略	支付手续费														1	7	5	5		4	2	9	2	4	2	2	6	0	
3	23	记	11	略	收回票款		5	8	5	0	0	0	0											4	3	5	0	9	2	2	6	0	
3	25	记	12	略	申请汇票										1	5	0	0	0	0	0	0		4	2	0	0	9	2	2	6	0	
3	25	记	13	略	销售商品		9	3	6	0	0	0	0											4	2	9	4	5	2	2	6	0	
3	25	记	14	略	代垫运杂费												3	8	0	0	0	0		4	2	9	0	7	2	2	6	0	
3	28	记	15	略	收到货款		3	8	9	0	0	0	0											4	3	2	9	6	2	2	6	0	
3	28	记	16	略	支付货款											5	8	5	0	0	0	0		4	2	7	1	1	2	2	6	0	
3	28	记	17	略	垫付运费												4	0	0	0	0	0		4	2	6	7	1	2	2	6	0	
3	30	记	18	略	收到货款		5	0	8	0	0	0	0											4	3	1	7	9	2	2	6	0	
3	30	记	19	略	支付水费											1	7	9	0	1	0	0		4	3	0	0	0	2	1	6	0	
3	30	记	20	略	付材料款												9	3	6	8	0	0		4	2	9	0	6	5	3	6	0	
3	30	记	21	略	信用卡备用金											3	0	0	0	0	0	0		4	2	6	0	6	5	3	6	0	

表 4-89

银联卡特约商户签购单

商户名称：

商户代码：（略）

终端号：（略）

——消费——

卡号：62287956****9875

交易流水号：××××××××××

交易时间：2015/3/29　　10:23:15

卡有效期：2016-03

授权号：

交易参考号：37#

交易金额（元）：1 200.00

持卡人签字：×××

----持卡人存根　重要凭证 请妥善保管----

表 4-90

湖南省商业企业发票

湖　南

客户名称：湘潭市东风机械股份有限公司

2015 年 3 月 31 日　　No 43065063170

编号	商品名称	规格	单位	数量	单价	金额 千	百	十	元	角	分
	打印纸	A4	箱	4	240.00	1	2	0	0	0	0
金　额　合　计						1	2	0	0	0	0
大写（人民币）：×万 壹 仟 贰 佰 零 元 零 角 零 分											

第二联：发票联

开票人：张艳　　销货单位（章）

表 4-91

记账凭证

2015 年 3 月 31 日　　　　　　　　　　　　　　　　　记字第 22 号

摘　要	会计科目		借方金额									贷方金额									账页
	总账科目	明细科目	百	十	万	千	百	十	元	角	分	百	十	万	千	百	十	元	角	分	或√
信用卡备用金	管理费用					1	2	0	0	0	0										
	其他货币资金	信用卡存款													1	2	0	0	0	0	
合　计					¥	1	2	0	0	0	0			¥	1	2	0	0	0	0	

附件 2 张

财务主管：王红　记账：陈艳　出纳：李胜　审核：王红　制单：张小　受款人：

想一想

信用卡特约单位应如何处理信用卡消费或采购？

项目小结

支付结算是指单位、个人在社会经济活动中使用票据、信用卡和汇兑、托收承付、委托收款等结算方式进行货币给付及其资金清算的行为。企业各项经济业务的款项结算，除按照国家《现金管理条例》规定可以直接使用现金办理收付结算外，都必须通过银行办理支付结算，即通过银行将收付的款项从付款单位账户划转到收款单位账户。本项目主要介绍了几种常见的银行结算方式，包括支票、商业汇票、银行汇票、托收承付、委托收款、汇兑及信用卡的结算流程及处理方法。

项目综合训练

一、单项选择题

1．下列说法正确的是（　　）。

A．基本存款账户只能提取现金，不能存入现金

B．基本存款账户是企业的主要结算账户，可以提取现金，也可以办理结算，但一家企业只能开立一个基本存款账户

C．企业可以开立两个以上的基本存款账户

D．基本存款账户只能在国有银行开立

2．下列关于一般存款账户的说法正确的是（　　）。

A．一般存款账户不能存取现金，但可以办理转账结算

B．企业只能开立一个一般存款账户

C．一般存款账户可以存入现金，但不能支取现金

D．在一家银行可以同时开立一个基本存款账户和一个一般存款账户

3．支票的提示付款期限是（　　）。

A．自出票日起 1 个月　　B．自出票日起 6 个月

C．自出票日起 15 天　　D．自出票日起 10 天

4．某企业 2015 年 10 月 20 日签发一张现金支票，出票日期大写正确的是（　　）。

A．贰零壹伍年拾月贰拾日　　B．贰零壹伍年零壹拾月零贰拾日

C．贰零壹伍年壹拾月贰拾日　　D．贰零壹伍年零壹拾月贰拾日

5．根据相关规定，签发支票时，可以更改的项目是（　　）。

A．出票日期　　B．收款人名称　　C．用途　　D．金额

6．银行承兑汇票的出票人是（　　）。

A．承兑申请人　　B．收款人

C．承兑银行　　D．付款人或收款人

7．由出票人签发，委托付款人在指定日期无条件支付确定的金额给收款人或持票人的结算方式是（　　）。

A．银行汇票　　B．支票

C．银行本票　　D．商业汇票

8．（　　）不得使用商业承兑汇票。

A．国有企业　　B．集体企业

C．个人　　D．外商投资企业

9．银行承兑汇票的出票人于汇票到期日未能足额交存票款时，承兑银行除凭票向持票人无条件付款外，对出票人尚未支付的汇票金额转入该承兑申请人的逾期贷款户，每日按（　　）计收利息。

A．0.1‰　　B．0.2‰　　C．0.5‰　　D．50 元

10．商业承兑汇票付款人存在合法抗辩事由拒绝支付的，应自接到通知之日起（　　）内，作成拒绝证明送交开户银行。

A．3 日　　B．4 日　　C．5 日　　D．10 日

11．银行汇票的提示付款期自出票日起（　　）。

A．10 日　　B．1 个月　　C．2 个月　　D．5 日

12．下列选项中，属于银行汇票的必须记载事项的是（　　）。

A．背书日期　　B．付款日期

C．保证日期　　D．出票日期

13．托收承付结算方式中，验货付款的承付期（　　）。

A．从运输部门向收款人发出提货通知的次日算起

B．从运输部门向付款人发出提货通知的次日算起

C．从付款人开户行向付款人发出付款通知的次日算起

D．从付款人开户行发出承付通知的次日算起

14．以下（　　）主体可以使用托收承付方式结算款项。

A．个人　　B．个体工商户

C．民营企业　　D．国有企业

15．托收承付结算方式中，付款人开户行对未经批准的付款人承付的款项除按规定支付款项外，还要对该付款人按结算金额处以（　　）罚款。

A．1%　　B．5%　　C．1‰　　D．5‰

16．委托收款的起点金额是（　　）。

A．100 元　　B．500 元　　C．1 000 元　　D．无起点

17．下列说法不正确的是（　　）。

A．付款人未在接到委托收款付款通知的次日起 3 日内通知银行付款的，视同付款人同意付款

B．委托收款结算中，付款人开户银行负有审查拒付理由的责任

C．收款人向银行提交委托收款凭证的同时，还要提交有关的债务证明

D．委托收款是收款人委托银行向付款人收取款项的结算方式

18．下列属于非票据结算的是（　　）。

A．汇兑结算　　B．汇票结算

C．本票结算　　D．支票结算

19．在中华人民共和国境内申领单位信用卡应是（　　）。

A．在中华人民共和国境内金融机构开立基本存款账户的单位

B．任何在金融机构开立或未开立账户的单位

C．任何个人

D．中华人民共和国境内的单位

20．单位卡可申领（　　）张，持卡人资格由（　　）指定和注销。

A．一，单位法定代表人　　B．两，银行

C．若干，单位法定代表人　　D．十，银行

二、多项选择题

1．下列属于一般存款账户使用范围的有（　　）。

A．办理货款的收取　　B．办理现金的交存

C．办理货款的支付　　D．办理现金的支取

2．根据《银行账户管理办法》的规定，下列存款人可以申请开立基本存款账户的有（　　）。

A．社会团体　　B．外国驻华机构

C．单位设立的独立核算的附属机构　　D．企业法人

3．下列（　　）可以支取现金。

A．转账支票　　B．画线支票

C．现金支票　　D．普通支票

4．签发支票时，下列（　　）不得涂改，其他内容如有改动须由签发人加盖预留银行印鉴证明。

A．日期　　B．金额　　C．收款人名称　　D．用途

5．签发商业汇票必须记载的事项包括（　　）。

A．表明“商业承兑汇票”或“银行承兑汇票”字样

B．无条件支付委托和确定的金额

C．付款人名称和收款人名称

D．出票日期、出票人签章

6．下列各项关于商业汇票的说法正确的有（　　）。

A．在银行开立存款账户的企业法人及个人均可签发

B．双方具有真实的交易关系或债权债务关系

C．商业汇票只能转账，不能支取现金

D．商业汇票只适用于同城使用

7．下列有关商业汇票时间限制的说法正确的是（　　）。

A．商业汇票可以在出票时向付款人提示承兑后使用，也可以在出票后先使用再向付款人提示承兑

B．商业汇票的付款人应当在自收到提示承兑的汇票之日起5日内承兑或拒绝承兑

C．商业汇票的提示付款期限，自汇票到期日起10日

D．商业汇票的付款期限最长不得超过6个月，如分期付款，应一次签发若干张不同期限的商业汇票

8．对于甲公司签发金额为500万元的商业承兑汇票，下列说法错误的是（　　）。

A．只要汇票到期时甲公司能支付500万元即可

B．甲公司在签发汇票时必须在银行有500万元存款

C．甲公司必须在签发汇票后的10日内向银行提供100万元的付款保证金

D．汇票到期时甲公司存款余额不足支付的，该汇票为空头汇票，汇票无效

9．银行汇票的持票人向银行提示付款时，必须同时提交（　　），缺少任何一联，银行不予办理。

A．第一联卡片联　　B．第二联银行汇票

C．第三联解讫通知　　D．第四联多余款通知

10．关于银行汇票的下列表述中，正确的有（　　）。

A．银行汇票的实际结算金额不得更改，且不得超过出票金额

B．持票人向银行提示付款时，须同时提交银行汇票和解讫通知

C．银行汇票的提示付款期限自出票日起1个月

D．申请人或收款人为单位的，可以申请使用现金银行汇票

11．下列可办理托收承付结算的款项有（　　）。

A．商品交易款项

B．因商品交易而产生的劳务供应的款项

C．代销商品的款项

D．寄销商品的款项

E．赊销商品的款项

12．托收承付凭证必须记载的事项包括（　　）。

A．付款人名称及账号　　B．收款人名称及账号

C．委托日期　　D．合同名称、号码

E．付款人开户行　　F．收款人开户行

13．下列适用于委托收款结算方式的有（　　）。

A．到期的已承兑的银行承兑汇票结算

B．到期的已承兑的商业承兑汇票结算
C．商品交易和劳务供应的款项结算
D．到期债券结算

14．委托收款凭证必须记载（　　）。
A．付款人名称　　B．收款人名称　　C．金额
D．委托日期　　E．收款人签章

15．下列可采用同城特约委托收款方式收费的有（　　）。
A．水、电费　　B．邮电费
C．保险费　　D．煤气费

16．根据规定，汇款人签发汇兑凭证时，必须记载的事项有（　　）。
A．表明“信汇”或“电汇”的字样
B．无条件支付的委托
C．确定的金额
D．委托期

17．单位信用卡可以凭以（　　）。
A．向特约单位购物　　B．消费
C．10万元以上的大宗采购　　D．提现

18．信用卡按申请人不同可分为（　　）。
A．个人卡　　B．单位卡
C．金卡　　D．银卡

三、判断题

1．企业日常现金存取、职工奖金等现金的支取可以通过一般存款账户办理。（　　）

2．存款人有银行债务未还清的，不得申请撤销该账户。（　　）

3．存款人撤销银行结算账户的，无须与开户行核对银行结算账户存款余额，只要填制销户申请书，交回各种重要票据及结算凭证即可。（　　）

4．转账支票可以根据需要在同一票据交换区域内背书转让。（　　）

5．银行汇票存款、银行本票存款和商业汇票存款，均必须通过“其他货币资金”账户核算。（　　）

6．应收票据贴现是指持票人因急需资金，将未到期的商业汇票背书后转让给银行，银行受理后，按照票面金额付给贴现企业的业务活动。（　　）

7．商业承兑汇票附有条件的，只有满足了条件，承兑人才予以承兑。（　　）

8．除见票即付的汇票外，其他汇票必须向付款人提示承兑。（　　）

9．商业汇票的持票人在规定的提示付款期限内通过开户行委托收款或直接向付款人提示付款。（　　）

10．商业承兑汇票的收款人在付款人无力支付，收到其退回的商业承兑汇票时，应编制转账凭证，将应收票据转为应收账款。（　　）

11．申请人是单位，收款人是个人的，可以申请使用填有“现金”字样的银行汇票。（　　）

12．结算凭证的金额阿拉伯数字的小写和中文大写应同时记载，二者必须一致，否则银行不予办理。（　　）

13．向银行办理托收承付结算方式委托不需要提供经济合同。（　　）

14．托收承付结算方式拒绝付款只能是全部拒付。（　）

15．销货方根据合同将货物发运，取得发运单据后才可向开户银行申请办理托收承付。（　）

四、实操题

1．2015年3月10日，湘潭市东风机械股份有限公司出纳李胜准备去银行提取现金2 000元以备补充库存现金，要求：（1）以出纳李胜的身份签发现金支票；（2）以会计张小的身份编制记账凭证。

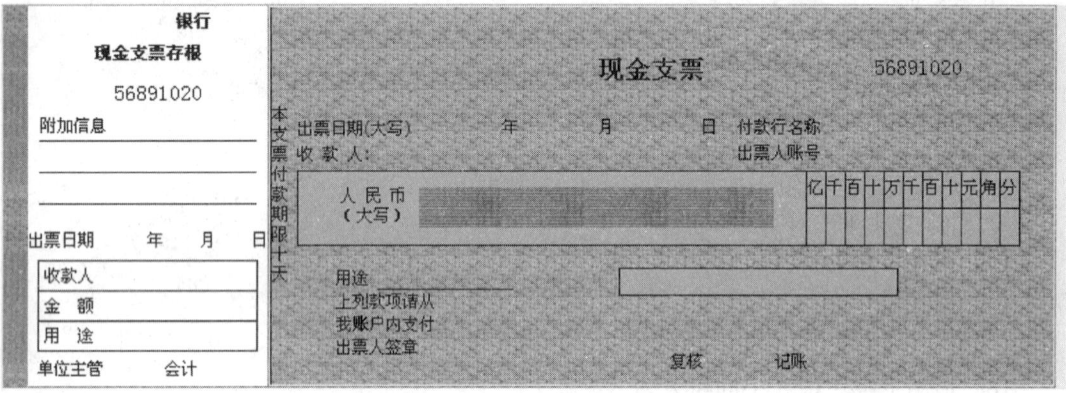
银行
现金支票存根
56891020
附加信息
出票日期　年　月　日
收款人
金　额
用　途
单位主管　会计
现金支票　56891020
本支票付款期限十天
出票日期(大写)　年　月　日　付款行名称
收款人：　出票人账号
人民币（大写）
亿 千 百 十 万 千 百 十 元 角 分
用途
上列款项请从
我账户内支付
出票人签章
复核　记账

附加信息：

收款人签章
年　月　日

身份证件名称：　发证机关：

号码

贴粘单处

记 账 凭 证

年　月　日　　字第　号

摘　要	会计科目		借方金额									贷方金额									账页
	总账科目	明细科目	百	十	万	千	百	十	元	角	分	百	十	万	千	百	十	元	角	分	或√
合　计																					

附件　张

财务主管：　记账：　出纳：　审核：　制单：　受款人：

2．2015 年 3 月 20 日，湘潭市东风机械股份有限公司从湘潭建设家具厂购买了 5 张电脑桌，验收交付办公室使用。

（1）以湘潭建设家具厂会计身份填制增值税普通发票（湘潭建设家具厂账号：300789034567800000；开户行：工行香樟路分理处；纳税人识别号：430304712216542）。

（2）以湘潭市东风机械股份有限公司出纳李胜身份签发转账支票并填写进账单。

（3）以湘潭市东风机械股份有限公司会计张小身份编制记账凭证。

增值税专用发票

开票日期　　年　月　日

购货单位	名　称： 纳税人识别号： 地 址 电 话： 开户行及账号：					密码区	
货物或应税劳务名称	规格型号	单位	数量	单价	金额	税率	税额
合计							
价税合计（大写）	（小写）						
销货单位	名　称： 纳税人识别号： 地 址 电 话： 开户行及账号：					备注	

第三联：发票联　购货方记账凭证

收款人：　　复核：　　开票人：　　销货单位（章）

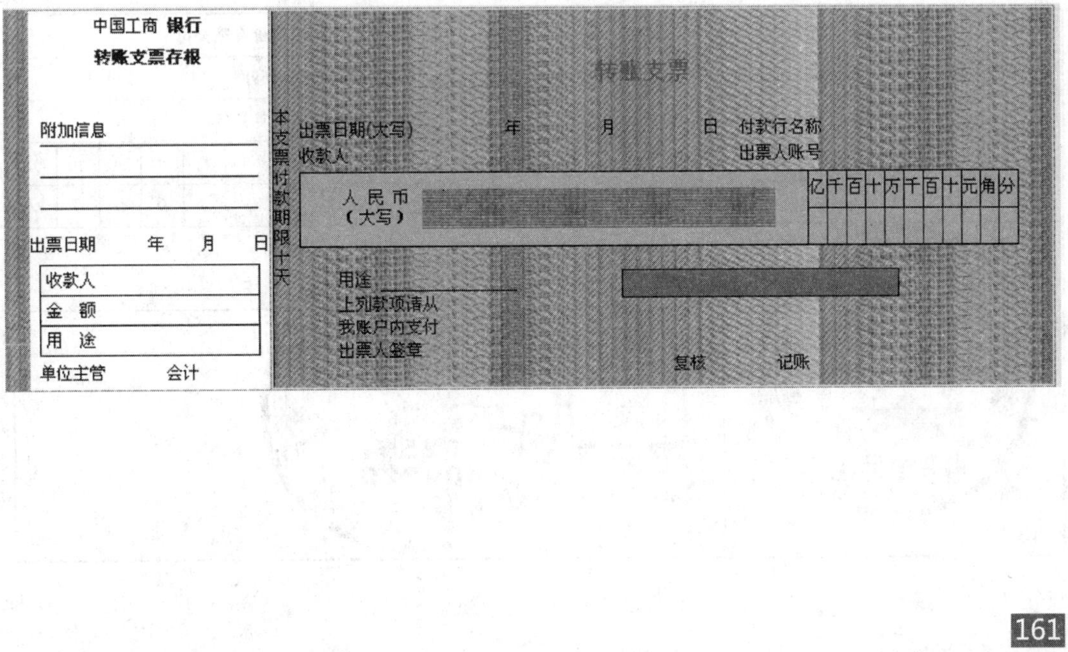
中国工商银行
转账支票存根
附加信息
出票日期　年　月　日
收款人
金　额
用　途
单位主管　会计

转账支票
本支票付款期限十天
出票日期(大写)　年　月　日　付款行名称
收款人　出票人账号
人民币（大写）
亿 千 百 十 万 千 百 十 元 角 分
用途
上列款项请从
我账户内支付
出票人签章
复核　记账

（中国工商　银行）**进账单**（回单）　1

年　月　日

付款人	全称		收款人	全称	
	账号			账号	
	开户行			开户行	
金额	人民币（大写）				亿 千 百 十 万 千 百 十 元 角 分
票据种类			开户银行签章		
票据张数					
复核　记账					

此联是开户银行交给持票人的回单

记 账 凭 证

年　月　日　　　　字第　号

摘要	会计科目		借方金额									贷方金额									账页
	总账科目	明细科目	百	十	万	千	百	十	元	角	分	百	十	万	千	百	十	元	角	分	或√
合　　计																					

附件　张

财务主管：　记账：　出纳：　审核：　制单：　受款人：

3. 日前，湘潭市东风机械股份有限公司将到期的一张银行承兑汇票送交自己的开户行，2015年3月13日收到银行进账单收账通知。请以会计人员的身份进行相关处理。

银行承兑汇票 2

出票日期（大写）　贰零壹肆 年 壹拾贰 月 壹拾柒 日　　　　第 55 号

出票人全称	湖南广达股份有限公司	收款人	全称	湘潭市东风机械股份有限公司
出票人账号	1903202212606 7540		账号	3000298222288015698
付款行全称	工商银行长沙芙蓉路支行		开户行	中国工商银行湘潭市支行
出票金额	人民币（大写）贰万叁仟肆佰元整			千 百 十 万 千 百 十 元 角 分 ¥ 2 3 4 0 0 0 0
汇票到期日期（大写）	贰零壹伍年零叁月零玖日	付款行	行号	102551000200
承兑协议编号	453002		地址	长沙市芙蓉北路157号
本汇票请你行承兑，到期无条件付款。 （湖南广达股份有限公司 财务专用章）（李勇） 出票人签章	本汇票已经承兑，到期日由本行付款。 （何飞） 承兑行签章 承兑日期：2014年12月17日		（中国工商银行 102551 000220 汇票专用章）	复核　记账

4．2015 年 3 月 15 日，湘潭市东风机械股份有限公司签发的一张商业承兑汇票到期，收到银行付款通知。2014 年 11 月 15 日，湘潭市东风机械股份有限公司向长沙金敏塑胶材料公司购入一批材料，取得增值税专用发票，当即开出商业承兑汇票一张，面值 46 800 元，承兑期 4 个月。

湖南省增值税专用发票

4400091029　　　　　　　　　　　　　　　　　　　　　　　　№ 0482812

2014 年 11 月 15 日

购货单位	名　　称：湘潭市东风机械股份有限公司 纳税人识别号：430304101400148 地址、电话：湘潭市河西大道 10 号 0731-54321000 开户行及账号：工行湘潭市支行 3000298222288015698			密码区	2489—1<9—7—61596284 8<032/52>9/29533—4974 1626<8—3021>82906—2 —47—6<7>2*—/>*>		加密版本 01 4400091029 0482812
货物或应税劳务名称	计量单位	数量	单价	金额	税率	税额	
101 型塑胶材料	千克	100	400	40 000	17%	6 800	
价税合计（大写）	人民币 肆万陆仟捌佰元整					（小写）¥ 46 800.00	
销货单位	名　　称：长沙金敏塑胶材料公司 纳税人识别号：430201300122460 地址、电话：0731-85250336 开户行及账号：工行长沙东塘支行 19032022126069260				备注		

第三联：记账联

收款人：刘妍　　复核：庹云琴　　开票人：冯丽　　销货单位（章）

5．2015 年 3 月 18 日，湘潭市东风机械股份有限公司采购员李洋到财务科交来“银行汇票请领单”，审核无误后，出纳人员填写“银行汇票申请书”并向银行申请银行汇票。

要求：

（1）以出纳人员的身份正确填写银行汇票申请书。

（2）以会计人员的身份进行取得银行汇票的相关账务处理。

（3）正确填写银行汇票（第二联）和解讫通知（第三联）。

银行汇票请领单

请领日期 2015 年 3 月 18 日

收款人	上海晨曦机电设备厂	开户银行	工行金岭路支行	账号	9864521
汇款用途	购买电机				
汇款金额	人民币（大写）	贰拾万元整			¥ 200 000.00
部门负责人意见 杨光		单位领导审批意见 李晶		请领人签章 李洋	

中国工商银行 汇票申请书(存根) 第 号

申请日期 年 月 日

申请人		收款人	
账 号 或地址		账 号 或地址	
用途		代 理 付款行	
汇款金额	人民币 （大写）		千 百 十 万 千 百 十 元 角 分

此联申请人留存

备注：

科 目

对方科目

财务主管 复核 经办

记 账 凭 证

年 月 日 字第 号

摘 要	会计科目		借方金额									贷方金额									账页
	总账科目	明细科目	百	十	万	千	百	十	元	角	分	百	十	万	千	百	十	元	角	分	或√
合 计																					

附件 张

银行

银行汇票 2

付款期限 壹个月

地名 BA 01 00000002

出票日期（大写） 年 月 日

代理付款行： 行号：

收款人：		账号：
出票金额	人民币（大写）	（压数机压印出票金额）
实际结算金额	人民币（大写）	千 百 十 万 千 百 十 元 角 分

申请人： 账号：

出票行： 行号：

备 注：

凭票付款

出票行签章

密押：	
多余金额	
千 百 十 万 千 百 十 元 角 分	复核 记账

此联代理付款行付款后作联行往账借方凭证附件

银行

银行汇票（解讫通知） **3**

付款期限
壹个月

汇票号码

出票日期（大写） 年 月 日　　代理付款行： 行号：

收款人：	账号：	
出票金额	人民币（大写）	
实际结算金额	人民币（大写）	千 百 十 万 千 百 十 元 角 分

申请人：＿＿＿＿　账号：＿＿＿＿

出票行：＿＿＿＿　行号：＿＿＿＿

备　注：＿＿＿＿

代理付款行签章

密押：	
多余金额	
千 百 十 万 千 百 十 元 角 分	复核　记账

复核　经办

此联代理付款行兑付后随报单寄出票行

由出票行作多余款贷方凭证

6. 2015年2月18日，湘潭市东风机械股份有限公司销售部门提供销售合同、发运单据、发票等，要求按合同办理托收承付（验单付款）手续。

（1）以出纳人员的身份正确填写托收承付凭证。

（2）以会计人员的身份办理相关的账务处理。

购货方资料：

名称：湖南省物资供应总公司

地址、电话：长沙市五一中路356号 0731-84565786

开户行、账号：中国工商银行五一中路支行 4398701472243115890

中国工商银行托收凭证（受理回单）1

No:34709022　　委托日期：　年　月　日

业务类型	委托收款（□邮划 □电划）			托收承付（□邮划 □电划）												
付款人	全称			收款人	全称											
	账号				账号											
	地址		开户行		地址		开户行									
金额	人民币（大写）				亿	千	百	十	万	千	百	十	元	角	分	
款项内容		托收凭证名称			附寄单据张数											
商品发送情况		合同名称号码														
备注： 复核　记账	款项收妥日期 年　月　日			收款人开户银行签章 年　月　日												

此联作收款人开户银行给收款人的受理回单

7. 2015 年 4 月 2 日，湘潭市东风机械股份有限公司凭到期的湖南金英人力资源公司 15 万元债券向银行办理委托收款手续。银行审查后受理。4 月 6 日，湘潭市东风机械股份有限公司收到开户银行的收账通知，收到上述款项。

名称：湖南金英人力资源公司

开户银行：中国工商银行长沙市侯家塘支行

账号：987046147224311893

（1）请以出纳人员的身份填制托收凭证。

（2）请以会计人员的身份进行有关会计处理。

中国工商银行托收凭证（受理回单）1

No:34709178　　委托日期：2015 年 4 月 2 日

<table>
<tr><td colspan="2">业务类型</td><td colspan="17">委托收款（□邮划□电划）　　托收承付（□邮划□电划）</td></tr>
<tr><td rowspan="3">付款人</td><td>全称</td><td colspan="3"></td><td rowspan="3"></td><td>全称</td><td colspan="12"></td></tr>
<tr><td>账号</td><td colspan="3"></td><td>账号</td><td colspan="12"></td></tr>
<tr><td>地址</td><td></td><td>开户行</td><td></td><td>地址</td><td colspan="4"></td><td colspan="4">开户行</td><td colspan="4"></td></tr>
<tr><td rowspan="2">金额</td><td colspan="6" rowspan="2">人民币（大写）</td><td>亿</td><td>千</td><td>百</td><td>十</td><td>万</td><td>千</td><td>百</td><td>十</td><td>元</td><td>角</td><td>分</td></tr>
<tr><td></td><td></td><td></td><td></td><td></td><td></td><td></td><td></td><td></td><td></td><td></td></tr>
<tr><td colspan="2">款项内容</td><td></td><td colspan="2">托收凭证名称</td><td colspan="5">销售发票、运费单等</td><td colspan="5">附寄单据张数</td><td colspan="4">3</td></tr>
<tr><td colspan="3">商品发送情况</td><td colspan="2">已发送</td><td colspan="4">合同名称号码</td><td colspan="10">20150319</td></tr>
<tr><td colspan="3">备注：

复核　　记账</td><td colspan="6">款项收妥日期

年　月　日</td><td colspan="10">收款人开户银行签章
年　月　日</td></tr>
</table>

此联作收款人开户银行给收款人的受理回单

项目五

出纳岗位综合实训

知识目标

1. 熟练完成出纳工作过程中涉及的各类原始凭证的填制，现金和银行日记账等账簿的登记。

2. 熟悉现金收付及银行结算的业务处理技能。

3. 掌握出纳日常工作和期末对账、结账等日常技能。

能力目标

1．掌握出纳账簿的期初、日常与期末处理技能。

2．掌握出纳的票证填制与处理技能。

3．掌握现金与银行存款业务的日常处理技能。

4．熟练编制现金日记账、银行存款日记账、银行存款余额调节表、出纳报告单。

任务　掌握出纳岗位基本技能

任务导入

湘潭市东风机械股份有限公司准备招聘一名出纳员，会计主管准备考核各应聘者对出纳岗位的了解和业务处理能力。要求根据实训资料中有关账户期初余额，设置“库存现金”和“银行存款”总账、日记账，并登记期初余额。根据实训资料提供的有关原始凭证，按照业务的先后顺序编制专用记账凭证，并根据记账凭证登记相关账户。月末编制银行存款余额调节表。

知识链接

一、实训单位基本情况

实训单位：湖南先锋科技有限公司业务。

地址：长沙市海淀区翠微路 15 号。

电话：0731-84587989。

公司注册资本 1 000 万元，从事电器产品生产，税务登记号 110106802215046。

银行开户账号为：

基本账户：中国工商银行长沙海淀支行，行号 123，开户账号 4563510100888122489。

一般账户：中国工商银行长沙西城支行，行号 425，开户账号 9558872390137252471。

库存现金限额为 5 000 元。

财务人员：出纳李娟，会计陈春。

二、实训单位相关业务资料

1. 有关账户期初余额

（1）库存现金：2 500.68 元。

（2）银行存款：基本账户 459 870.39 元；一般账户 32 897.61 元。

2. 2014 年 12 月湖南先锋科技有限公司业务（提示）

（1）12 月 1 日，开出现金支票，提取现金 2 000 元备用。（填制现金支票）

（2）12 月 1 日，办理现金支票一张，交业务员徐平忠到上海采购设备，金额 120 000 元。（银行汇票申请）

（3）12 月 3 日，业务科张伟出差办理借款，手续齐全。借款 1 000 元付现金。（借款单）

（4）12 月 4 日，从一般账户开出转账支票 50 000 元支付给武汉青山设计公司安装费用。（发票、支票）

（5）12 月 5 日，向武汉钢铁公司采购钢材 10 吨，规格型号 101，单价 5 000 元。材料入库，货款未付。（武汉钢铁公司账号：4536789900009；开户行：建行青山支行；纳税人识别号：0231345566677778；发票、入库单）

（6）12 月 6 日，市场部郭清风报销招待费 4 600 元。（报销单）

（7）12 月 6 日，向广州市天一公司销售 A 产品 10 件，不含税价格 2 000 元，代垫 200 元运费，办理委托收款手续。（广州市天一公司纳税人识别号：8923018287765；地址：广州市中山路 190 号；电话：29908877；开户行：工行中山支行；账号：39988877889989；发票、支票、委托收款凭证）

（8）12 月 7 日，提取现金 21 220 元，备发工资。（支票）

（9）12 月 12 日，发放工资。

（10）12 月 10 日，销售 B 产品 1 件，货款 1 500 元，现金存入银行。（普票、存款单）

（11）12 月 12 日，开出支票，支付上月增值税款 35 120 元。（税收缴款书回单）

（12）12 月 12 日，张伟报销费用 750 元。（费用报销单、收据）

（13）12 月 15 日，电汇 40 000 元至南京飞达科技公司，订购设备一套。（电汇凭证）

（14）12 月 15 日，收到银行手续费付款通知，上月手续费 120 元。（手续费）

（15）12 月 18 日，收到武汉前进公司支票一张，金额 10 000 元。（填制进账单）

（16）12 月 19 日，收到银行付款通知，武汉钢铁公司委托收款付款通知联，支付货款。（委托收款付款通知）

（17）12 月 20 日，收到银行转来电力公司本月电费通知，本月电费 4 680 元。（电费托收承付付款通知）

（18）12 月 21 日，开出支票，支付下年保险费 10 000 元。

（19）12 月 22 日，收到银行收账通知，收回广州天一公司货款。（委托收款收账通知）

（20）12 月 23 日，徐平忠报账，费用 1 000 元，充原借支。采购设备交付使用。（报账单、增值税发票款项共计 117 000 元）

（21）12 月 25 日，银行转来银行汇票余款通知。（银行汇票余款通知 3 000 元）

（22）12 月 26 日，销售产品 1 件，收到货款共计 12 000 元。（发票、进账单）

（23）12 月 26 日，收到银行利息收账通知，收到本季度利息 500 元。（收账通知）

（24）12 月 28 日，收到房屋出租的押金 3 000 元。（收据）

（25）12 月 31 日，分配本月工资费用。

（26）12 月 31 日，开出支票，提取现金 20 000 元。

（27）12 月 31 日，收到支票一张，武汉信达公司支付上月欠款 8000 元。

（28）12 月 31 日，盘点现金。

3. 原始凭证

（1）业务 1——现金支票。

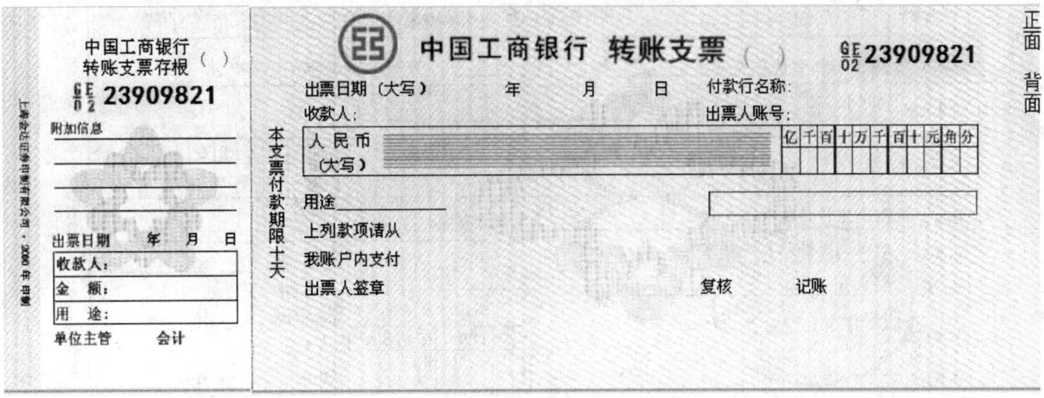

中国工商银行
转账支票存根（ ）
GE 02 23909821
附加信息
出票日期　年　月　日
收款人：
金　额：
用　途：
单位主管　会计

中国工商银行　转账支票（ ）　GE 02 23909821
出票日期（大写）　年　月　日　付款行名称：
收款人：　出票人账号：
人民币（大写）

亿	千	百	十	万	千	百	十	元	角	分

本支票付款期限十天
用途
上列款项请从
我账户内支付
出票人签章　复核　记账
正面　背面

（2）业务 2。

① 汇票申请书。

中国工商银行汇票申请书(存根)　　第 01984154 号

申请日期　　　　年　　月　　日

申请人		收款人											
账　号 或地址		账　号 或地址											
用途		代　理 付款行											
汇款金额	人民币 （大写）		千	百	十	万	千	百	十	元	角	分	

此联申请人留存

备注：

② 银行汇票。

付款期限 壹个月

中国工商银行

银行汇票　　2　　GE/02

第　　号

正面　背面

出票日期（大写）：贰零壹肆年壹拾贰月　零壹日

代理付款行：工行上海宝山支行　　行号：7798

收款人：上海宝山机电设备公司　　账号：6787665556677209

出票金额：人民币（大写）壹拾贰万元整

实际结算金额：人民币（大写）壹拾壹万柒仟元整

千	百	十	万	千	百	十	元	角	分
	¥	1	2	0	0	0	0	0	0

申请人：湖南先锋科技有限公司　　账号或住址：

出票行：中国工商银行长沙海淀　　行号：123

备　注：设备

凭票付款

出票行签章

（印章：中国工商银行 海淀分理处）

多余金额

千	百	十	万	千	百	十	元	角	分

科目（借）

对方科目（贷）

兑付日期　　年　　月　　日

复核　　记账

此联代理付款行付款后作联行往帐借方凭证附件

上海证券印制有限公司　2005年印制

（3）业务 3——借款单。

借　款　单

年　月　日　　　　第 *056* 号

借款部门		姓名		事由	
借款金额（大写）	万　仟　佰　拾　元　角　分　¥				
部门负责人签署		借款人签章		注意事项	一、凡借用公款必须使用本单 二、出差返回后三天内结算
单位领导批示		财务经理审核意见			

（4）业务 4。

① 发票。

服务业统一发票

发票联

日期：*2014* 年 *12* 月 *3* 日　　　　发票代码 *235020870011*

客户：**湖南先锋科技有限公司**　　　　发票号码 *71982063*

经营项目	单位	数量	单价	金额 万	千	百	十	元	角	分	备注
实验室设计费			5000.00		5	0	0	0	0	0	
合计人民币（大写）	零万 伍仟 零佰 零拾 零元 零角 零分			¥500000							

第二联：发票联

收款单位（发票专用章）：　　财务：　　填票：　　收款：

② 转账支票。

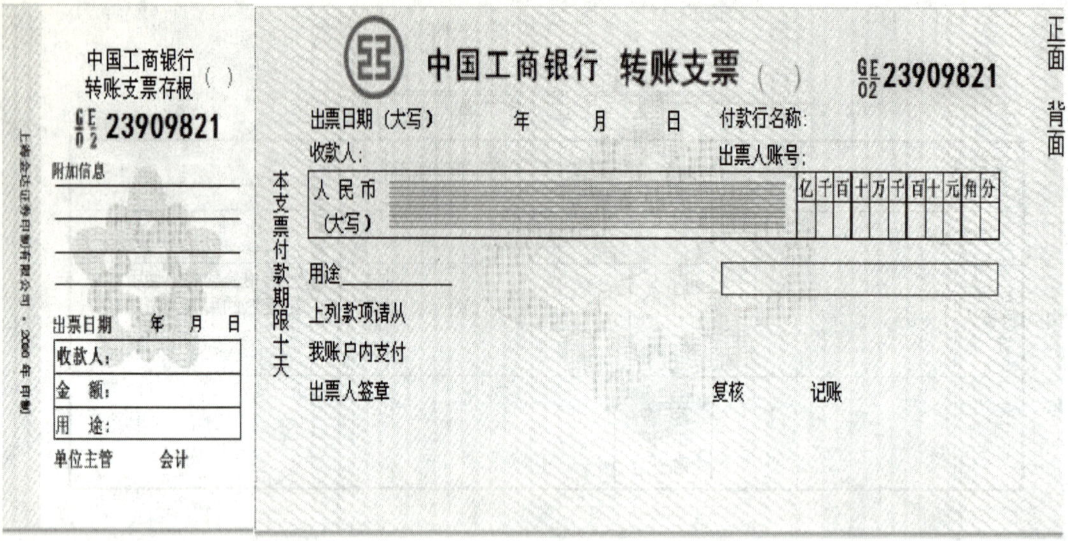
中国工商银行
转账支票存根（ ）
GE 02 23909821
附加信息
出票日期 年 月 日
收款人：
金 额：
用 途：
单位主管 会计
上海金达证券印制有限公司 · 2006年印制

中国工商银行 转账支票（ ） GE 02 23909821
出票日期（大写） 年 月 日 付款行名称：
收款人： 出票人账号：
人民币（大写） 亿 千 百 十 万 千 百 十 元 角 分
本支票付款期限十天
用途
上列款项请从
我账户内支付
出票人签章 复核 记账
正面 背面

（5）业务5。

① 增值税专用发票。

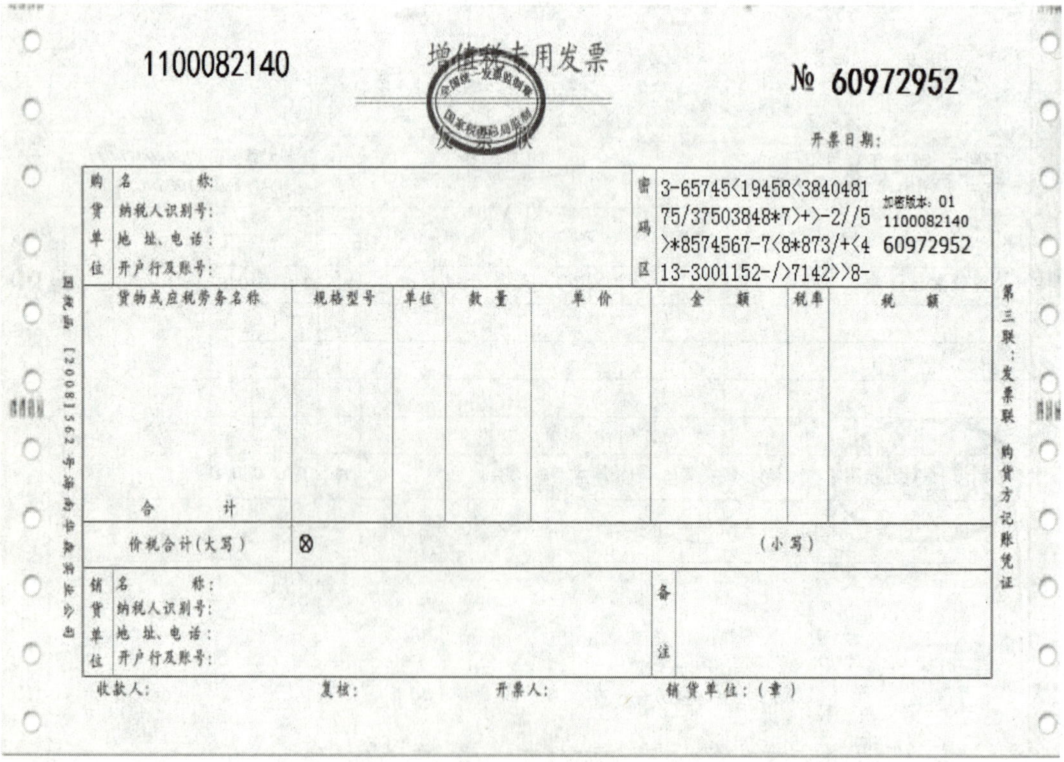
1100082140 增值税专用发票 № 60972952
全国统一发票监制章 国家税务总局监制
发票联
开票日期：

购货单位	名称： 纳税人识别号： 地址、电话： 开户行及账号：				密码区	3-65745<19458<3840481 75/37503848*7>+>-2//5 >*8574567-7<8*873/+<4 13-3001152-/>7142>>8-	加密版本：01 1100082140 60972952
货物或应税劳务名称	规格型号	单位	数量	单价	金额	税率	税额
合计							
价税合计（大写）	⊗				（小写）		
销货单位	名称： 纳税人识别号： 地址、电话： 开户行及账号：				备注		

收款人： 复核： 开票人： 销货单位：（章）
第三联：发票联 购货方记账凭证
国税函［2008］562号海南华森实业公司

② 入库单。

入 库 单

2014 年 12 月 3 日　　　　单号 ________

交来单位及部门	采购科	发票号码或生产单号码		验收仓库	1	入库日期	2014.12.3		
编号	名称及规格	单位	数量		实际价格		计划价格		价格差异
			交库	实收	单价	金额	单价	金额	
01	钢材	吨	10	10	5000				
合计									

业务联

部门经理：　　会计：　　仓库：　　经办人：

（6）业务 6。

① 报销单。

报 销 单

填报日期：　　年　　月　　日

姓名		所属部门		报销形式	
				支票号码	

报销项目	金额	报销项目	金额
		以上单据共　　张 金额小计	

总金额（大写）	拾 万 仟 佰 拾 元 角 分	预支备用金额		应缴备用金额	

总经理：　　财务经理：　　部门经理：　　会计：　　出纳：　　报销人：

② 销售发票。

货物销售发票

存 根 联

发票代码 155450789713

2014 年 12 月 2 日 发票号码 50973002

客户：湖南先锋科技有限公司

类别	册数	金额 百	十	元	角	分
哲学、社会科学						
文化教育						
文学艺术						
自然科学、技术						
少儿读物						
大专教材						
课本						
图片						
磁带			2	0	0	0
其它出版物			8	0	0	0
非图书商品						
合计金额						
折扣						
实额		1	0	0	0	0
人民币（大写） 壹佰零拾零元零角零分						

收款 开票

第一联：存根

（7）业务 7。

① 发票。

1100082140 **增值税专用发票** № 60972952

此联不作报销、扣税凭证使用

开票日期：

购货单位	名称： 纳税人识别号： 地址、电话： 开户行及账号：				密码区	3-65745<19458<3840481 75/37503848*7>+>-2//5 >*8574567-7<8*873/+<4 13-3001152-/>7142>>8-	加密版本：01 1100082140 60972952	
货物或应税劳务名称	规格型号	单位	数量	单价	金额	税率	税额	
合计								
价税合计（大写）	⊗					（小写）		
销货单位	名称： 纳税人识别号： 地址、电话： 开户行及账号：				备注			

收款人： 复核： 开票人： 销货单位：（章）

国税函[2008]562号海南华森实业公司

第一联：记账联 销货方记账凭证

② 支票（代垫 200 元运费）。

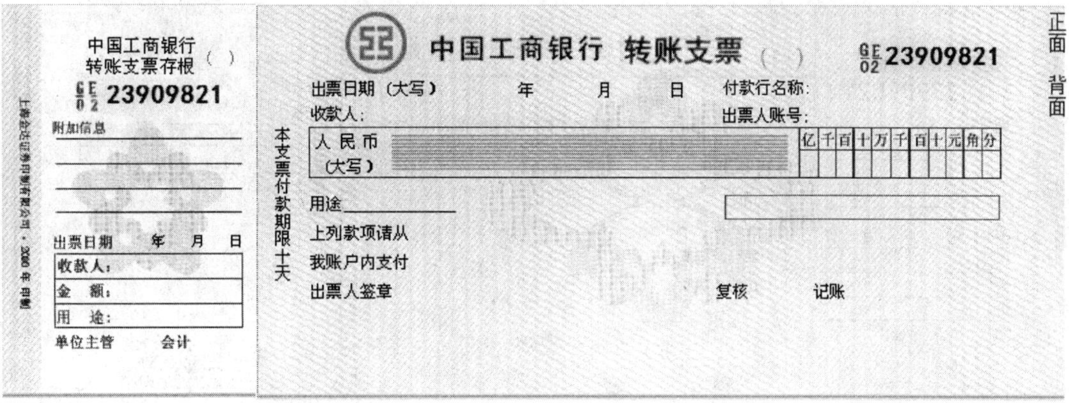

中国工商银行
转账支票存根（　）
GE 02 23909821
附加信息
出票日期　年　月　日
收款人：
金　额：
用　途：
单位主管　会计

上海金达证券印刷有限公司·2000年印制

中国工商银行　转账支票（　）　GE 02 23909821
本支票付款期限十天
出票日期（大写）　年　月　日　付款行名称：
收款人：　出票人账号：
人民币（大写）　亿 千 百 十 万 千 百 十 元 角 分
用途
上列款项请从
我账户内支付
出票人签章　复核　记账

正面　背面

③ 委托收款凭证。

托收凭证　（受理回单）　1

委托日期　年　月　日

业务类型	委托收款（□邮划、□电划）　托收承付（□邮划、□电划）						
付款人	全　称			收款人	全　称		
	账　号				账　号		
	地　址	省　市县	开户行		地　址	省　市县	开户行
金额	人民币（大写）					亿 千 百 十 万 千 百 十 元 角 分	
款项内容		托收凭据名称		附寄单证张数			
商品发运情况				合同名称号码			
备注： 复核　记帐		款项收妥日期 年　月　日		收款人开户银行签章 年　月　日			

此联作收款人开户银行给收款人的受理回单

（8）业务8——提现金21 220元备发工资。

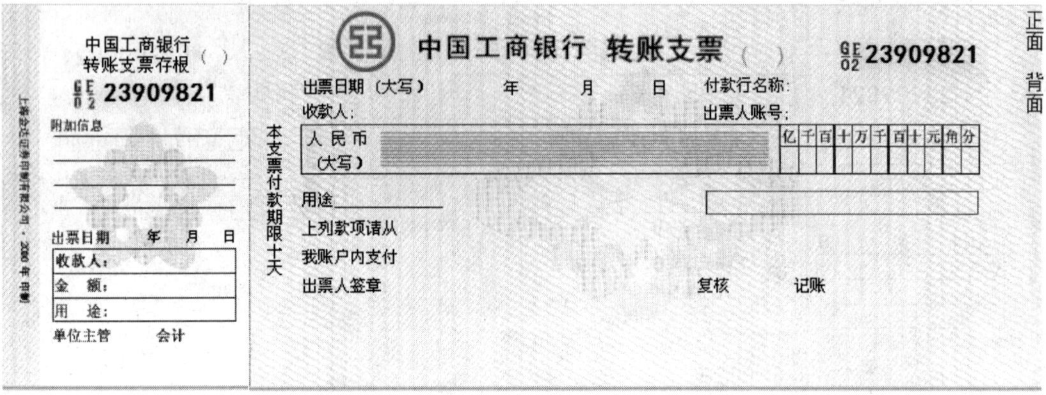
中国工商银行
转账支票存根（ ）
GE 02 23909821
附加信息
出票日期　年　月　日
收款人：
金　额：
用　途：
单位主管　会计

中国工商银行　转账支票（ ）　GE 02 23909821
出票日期（大写）　年　月　日　付款行名称：
收款人：　出票人账号：
人民币（大写）　亿 千 百 十 万 千 百 十 元 角 分
本支票付款期限十天
用途
上列款项请从
我账户内支付
出票人签章　复核　记账

正面　背面

（9）业务9——工资表。

12月份工资表　第　页　共　页

制表日期：2014年12月12日

顺序号	工号及姓名	基本工资	职务工资	奖金	加班工资		(一)产病工资			(一)事假		应发金额	代扣款项						实发金额	受款人签章	
							日数	%	工资	日数	工资		养老保险	医疗保险	个人所得税						
1	林 红	1600.00	1500.00	100.00	50.00							3250.00	75.00	25.00					3150.00		
2	陈 江	1700.00	1500.00	100.00	0.00							3300.00	75.00	25.00					3200.00		
3	张晓山	1800.00	1500.00	200.00	100.00							3600.00	75.00	25.00					3500.00		
4	王 超	2200.00	1600.00	100.00	100.00							4000.00	75.00	25.00	15.00				3885.00		
5	王 婵	2500.00	1100.00	100.00	200.00							3900.00	75.00	25.00	10.00				3790.00		
6	赵 亮	2200.00	1300.00	200.00	100.00							3800.00	75.00	25.00	5.00				3695.00		
7																					
8																					
9																					
10																					
11																					
12																					
13																					
14																					
15																					
16																					
17																					
18																					
19																					
20																					
	合计	12000.0	8500.00	800.00	550.00							21850.0	450.00	150.00	30.00				21220.0		

出纳　　制表

（10）业务 10。

① 发票。

[redacted]企业专用发票

发票代码 135020710135

发票号码 33029018

客户名称：零星　　　　支票号：　　　　密　码 [redacted]

编号	商品名称	规格	单位	数量	单价	金额							
						十	万	千	百	十	元	角	分
	B产品	111	件	1	1500.00				1	5	0	0	0	0
小写金额合计								¥	1	5	0	0	0	0
大写金额	零拾 零万 壹仟 伍佰 零拾 零元 零角 零分												

开票单位(盖章)　　　　开票人　　　　2014 年 12 月 10 日

00000-000

第一联 存根联

国税税鉴印字（2009）第（3）号批准印制

② 存款单。

ICBC 中国工商银行　　现金存款凭条

年　　月　　日

存款人	全称			
	账号		款项来源	
	开户行		交款人	
金额（大写）				千 百 十 万 千 百 十 元 角 分

票面	张数	十	万	千	百	十	元	票面	张数	千	百	十	元	备注
壹佰元								伍角						
伍拾元								贰角						
贰拾元								壹角						
拾元								伍分						
伍元								贰分						
贰元								壹分						
壹元								其他						

第一联 银行核对联

190mm×100mm GH 082398

（11）业务 11。

① 税收缴款单。

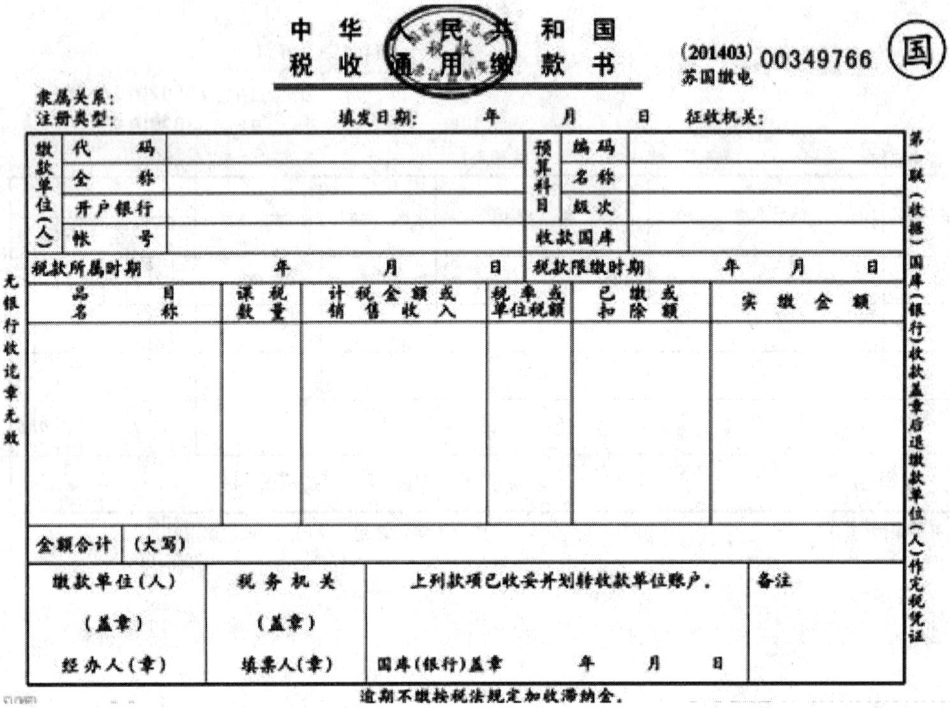

中华人民共和国

税收通用缴款书

(201403) 00349766 国

苏国缴电

隶属关系：

注册类型：　　填发日期：　年　月　日　　征收机关：

缴款单位（人）	代码		预算科目	编码	
	全称			名称	
	开户银行			级次	
	帐号		收款国库		
税款所属时期　年　月　日			税款限缴时期　年　月　日		
品名名称	课税数量	计税金额或销售收入	税率或单位税额	已缴或扣除额	实缴金额
金额合计	（大写）				
缴款单位（人）（盖章）经办人（章）	税务机关（盖章）填票人（章）	上列款项已收妥并划转收款单位账户。国库（银行）盖章　年　月　日		备注	

逾期不缴按税法规定加收滞纳金。

无银行收讫章无效

第一联（收据）国库（银行）收款盖章后退缴款单位（人）作完税凭证

② 支票。

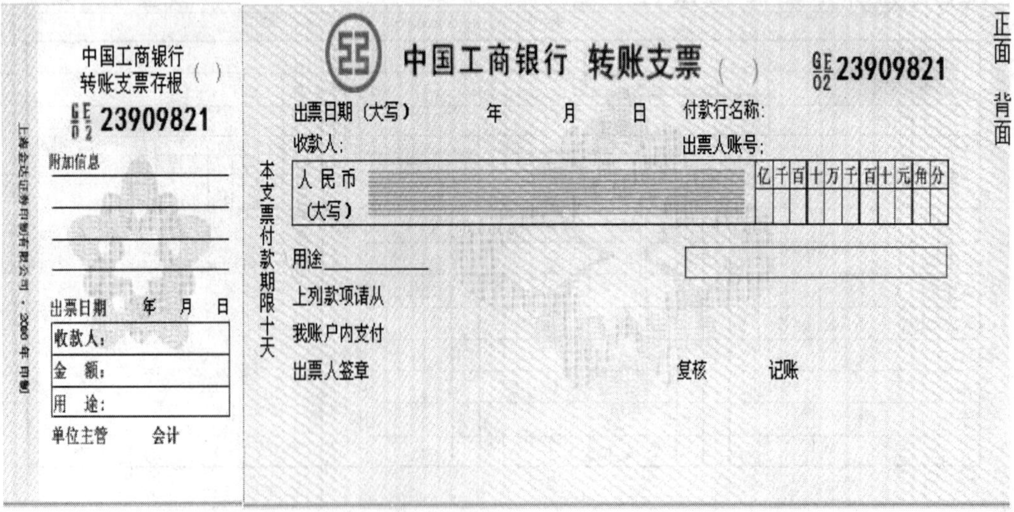

中国工商银行

转账支票存根（ ）

GE 02 23909821

附加信息

出票日期　年　月　日

收款人：

金　额：

用　途：

单位主管　会计

中国工商银行 转账支票（ ）　GE 02 23909821

出票日期（大写）　年　月　日　付款行名称：

收款人：　出票人账号：

人民币（大写）	亿	千	百	十	万	千	百	十	元	角	分

本支票付款期限十天

用途

上列款项请从

我账户内支付

出票人签章　　复核　记账

正面

背面

（12）业务 12。

① 费用报销单。

报 销 单

填报日期：2014 年 12 月 12 日　　单据及附件共 3 张

姓名	张伟	所属部门	业务科	报销形式	
				支票号码	
报 销 项 目		摘 要	金 额		备注：
差旅费			750.0		
合 计			750.0		
金额大写：零 拾零 万零 仟柒 佰伍 拾零 元零 角零 分			原借款：1000.0 元	应退(补)款：250.0 元	

总经理：　财务经理：　部门经理：　会计：　出纳：李娟　报销人：张伟

② 收据。

非经营性资金往来统一收据

发票代码 123309742568

发票号码 10275492

付款方：　　日期：　年　月　日

项　目	金 额
合计人民币（大 写）:	¥
备注：未经收款单位盖章及收款人签章无效。	

第三联：记账联

款项结算方式：　开票：　收款：　收款单位（盖章）

（13）业务 13。

① 预付款申请单。

预付款申请单

2014 年 12 月 22 日

申请：40 000.00	批准金额：40 000.00	预付方式：电汇
收款单位：飞翔科技公司	收款单位开户银行：工行建设路支行	账号：39988928999076
预付内容 购买实验设备 合同（协议）总金额：80 000.00　已预付款 附合同　1　份书面协议　合同号 1232233		
预计到货或工程完工时间		
批准人：李江	厂长：张拓	总会计师
执行情况金额		

单位主管：　　申请人：　　财务科长：　　经办人：

② 银行电汇凭证。

中国银行电汇凭证（回单）　1

委托日期　　年　　月　　日

汇款人	全　称		收款人	全　称	
	账　号			账　号	
	汇出地点	省　　市/县		汇入地点	省　　市/县
汇出行名称			汇入行名称		
金额	人民币（大写）				亿 千 百 十 万 千 百 十 元 角 分
汇出行签章			支付密码		
			附加信息及用途：		

此联汇出行给汇款人的回单

（14）业务 14——银行收费凭据。

银行结算收费单

总字第　　号
字第　　号

单位名称 湖南先锋科技有限公司　　账号 4563510100888122489　　2014 年 12 月 13 日

结算种类	邮电费	金额 千	百	十	元	角	分	手续费	金额 千	百	十	元	角	分
汇票(兑)	信(电) 1 笔							1 笔			4	0	0	0
委托收款	邮(电) 2 笔							2 笔			8	0	0	0
	笔							笔						
	笔							笔						
	小计												0	0
合计金额	大写：壹佰贰拾元整								¥	1	2	0	0	0

上列款项请从我单位账户支付. 付款单位 湖南先锋科技　（经手人）签章	会计分类	借： 贷:邮电费收入户　贷:手续费收入户 复核　　记账

此联作为结算单位付款凭证

（15）业务 15。

① 现金支票。

中国工商银行 现金支票（ ）　GE 02 23097141

正面　背面

出票日期（大写）贰零壹肆 年 壹拾贰月 壹拾捌日　　付款行名称：

收款人：　　出票人账号：

人民币（大写）	亿	千	百	十	万	千	百	十	元	角	分
壹万元整				¥	1	0	0	0	0	0	0

本支票付款期限十天

用途 支付租金

上列款项请从

我账户内支付

出票人签章 湖南东方公司　忠庄印振

复核　　记账

② 进账单。

ICBC 中国工商银行 **进账单**（回 单） 1

年 月 日

出票人	全 称		收款人	全 称	
	账 号			账 号	
	开户银行			开户银行	
金额	人民币（大写）			亿 千 百 十 万 千 百 十 元 角 分	
票据种类		票据张数			
票据号码					
	复核 记账			开户银行签章	

175×85mm GH082413

此联是开户银行交给持（出）票人的回单

（16）业务 16——托收凭证。

托收凭证（付款通知） 5

委托日期 2014 年 12 月 5 日　　付款期限 2014 年 12 月 19 日

业务类型	委托收款（☑邮划、□电划） 托收承付（□邮划、□电划）					
付款人	全 称	湖南先锋科技有限公司	收款人	全 称	湘潭钢铁公司	
	账 号	4563510100888122489		账 号	3976510100456304231	
	地 址	湖南省长沙市县 开户行 中国工商银行长沙海淀支行		地 址	湖南 省湘潭 市县 开户行 工行岚园支行	
金额	人民币（大写）	伍万捌仟伍佰元整		亿 千 百 十 万 千 百 十 元 角 分	¥ 5 8 5 0 0 0 0	
款项内容	销货款	托收凭据名 称	发票	附寄单证张数	1	
商品发运情况	发运			合同名称号码	345	
备注： 付款人开户银行收到日期 2014 年 12 月 19 日 复核 记账		付款人开户银行签章 年 月 日		付款人注意： 1、根据支付结算方法，上列委托收款（托收承付）款项在付款期限内未提出拒付，即视为同意付款，以此代付款通知。 2、如需提出全部或部分拒付，应在规定期限内，将拒付理由书并附债务证明退交开户银行。		

（2005）10×17.5公分 文 15 角直印刷 0512-65011866

此联付款人开户银行给付款人按期付款通知

（17）业务 17。

① 专用发票。

3200063170　　　　**增值税专用发票**　　　　No **60972952**

抵扣联

开票日期：**2014**年**12**月**15**日

购货单位		密码区	
名　称：	湖南先肆科技有限公司		*-*5436*6+76>22126690 加密版本：01
纳税人识别号：	110106802215046		/073-68-<9-/+5172599　3100083620
地址、电话：	长沙海淀区翠微路15号0731-84587989		8796>2017<226<-13--8/　01454880
开户行及账号：	中国工商银行长沙海淀支行4563510100888122489		77>+79*<*76479+9<>>//

货物或应税劳务名称	规格型号	单位	数量	单价	金额	税率	税额
电	220	千瓦	8000	0.50	4000.00	17%	680.00
合计					4000.00		680.00
价税合计（大写）	肆仟陆佰捌拾元整			（小写）	¥4680.00		

销售单位		备注	
名　称：	湘潭钢铁公司		财务专用章
纳税人识别号：	180106802235098		
地址、电话：	07318862356		
开户行及账号：	3976510100456304231		

收款人：　　复核：　　开票人：**吴尘**　　销货单位（章）：

第二联：抵扣联　购货方扣税凭证

3200063170　　　　**增值税专用发票**　　　　No **60972952**

发票联

开票日期：**2014**年**12**月**15**日

购货单位		密码区	
名　称：	湖南先肆科技有限公司		*-*5436*6+76>22126690 加密版本：01
纳税人识别号：	110106802215046		/073-68-<9-/+5172599　3100083620
地址、电话：	长沙海淀区翠微路15号0731-84587989		8796>2017<226<-13--8/　01454880
开户行及账号：	中国工商银行长沙海淀支行4563510100888122489		77>+79*<*76479+9<>>//

货物或应税劳务名称	规格型号	单位	数量	单价	金额	税率	税额
电	220	千瓦	8000	0.50	4000.00	17%	680.00
合计					4000.00		680.00
价税合计（大写）	肆仟陆佰捌拾元整			（小写）	¥4680.00		

销售单位		备注	
名　称：	湘潭钢铁公司		财务专用章
纳税人识别号：	180106802235098		
地址、电话：	07318862356		
开户行及账号：	3976510100456304231		

收款人：　　复核：　　开票人：**吴尘**　　销货单位（章）：

第三联：发票联　购货方记账凭证

② 托收凭证。

托收凭证（付款通知）　　5

委托日期 2014 年 12 月 6 日　　付款期限 2014 年 12 月 19 日

业务类型	委托收款（☑邮划、☐电划）　托收承付（☐邮划、☐电划）				
付款人 全称	湖南先锋科技有限公司		收款人 全称	湘潭钢铁公司	
付款人 账号	4563510100888122489		收款人 账号	3976510100456304231	
付款人 地址	湖南省长沙市/县	开户行 中国工商银行长沙海淀支行	收款人 地址	湖南省湘潭市/县	开户行 工行岚园支行
金额 人民币（大写）	肆仟陆佰捌拾元整		亿 千 百 十 万 千 百 十 元 角 分	¥ 4 6 8 0 0 0	
款项内容	电费	托收凭据名称	发票	附寄单证张数	1
商品发运情况	发运		合同名称号码	378	
备注： 付款人开户银行收到日期 2014 年 12 月 19 日 复核　记账	付款人开户银行签章 年　月　日		付款人注意： 1、根据支付结算方法，上列委托收款（托收承付）款项在付款期限内未提出拒付，即视为同意付款，以此代付款通知。 2、如需提出全部或部分拒付，应在规定期限内，将拒付理由书并附债务证明退交开户银行。		

（2005）10×17.5公分 文 15 角直印制 0512-65011866

此联付款人开户银行给付款人按期付款通知

（18）业务 18。

① 保险费收据。

保险业专用发票

INSURANCE TRADEINVOICE　　发票代码：23708922346

开票日期：2014 年 12 月 21 日

被保险人：湖南先锋科技有限公司

（The Insured）

承保险种：财产险

批单号：321546

(Policy No.)　　合同/发票号：5555555557

保险费金额(大写)：人民币壹万元整

(Premium　Amount)

保险有效期：　2014.1.31 至 2015.1.31

(Policy period)

保险公司名称：中国平安财产保险股份有限公司

Insurance Company

审核：李红　　经手人：黄彤

保险公司签章：

Stamped by Insurance Company

中国平安财产保险股份有限公司 440124358354567 发票专用章

保险公司纳税人识别号：

Taxpayer Idenlification No 440124358354567

② 支票。

中国工商银行
转账支票存根（ ）
GE 02 23909821

上海金达证券印制有限公司 · 2008年印制

附加信息

出票日期　年　月　日

收款人：	
金　额：	
用　途：	

单位主管　　会计

中国工商银行　转账支票（ ）　GE 02 23909821

正面　背面

出票日期（大写）　年　月　日　付款行名称：
收款人：　出票人账号：

人民币（大写）	亿	千	百	十	万	千	百	十	元	角	分

本支票付款期限十天

用途________
上列款项请从
我账户内支付
出票人签章　　复核　　记账

（19）业务19——托收凭证。

托收凭证（汇款依据或收账通知）　4

委托日期 2014年 12月 6日　　付款期限 2014年 12月 19日

业务类型	委托收款（☑邮划、☐电划）　托收承付（☐邮划、☐电划）				
付款人 全称	浙江天一公司		收款人 全称	湖南先锋科技有限公司	
账号	3216510100888122489		账号	4563510100888122489	
地址	浙江省温州市/县	开户行 中国工商银行温州新桥支行	地址	湖南省长沙市/县	开户行 中国工商银行长沙海淀支行
金额 人民币（大写）	贰万叁仟陆佰元整		亿千百十万千百十元角分	¥ 2 3 6 0 0 0 0	
款项内容	销货款	托收凭据名称	发票	附寄单证张数	2
商品发运情况	发运		合同名称号码	2346	
备注： 复核　记账	上列款项已划回收入你方账户内。 收款人开户银行签章 2014年 12月 22日				

此联付款人开户行凭以汇款或收款人开户银行作收账通知

（2005）10×17.5公分　交15角直印制　0152-65011186

（20）业务 20。

① 验收单。

固定资产验收单

2014 年 12 月 22 日

名称	规格型号	来源	数量	购（造）价	使用年限	预计残值
激光切割机	H-K	上海	1	117000.00	10	1000.00
安装费	月折旧率	建造单位		交工日期	附件	
				2014 年 12 月 22 日		
验收部门	生产车间	验收人员	王进	管理部门		管理人员
备注						

② 专用发票。

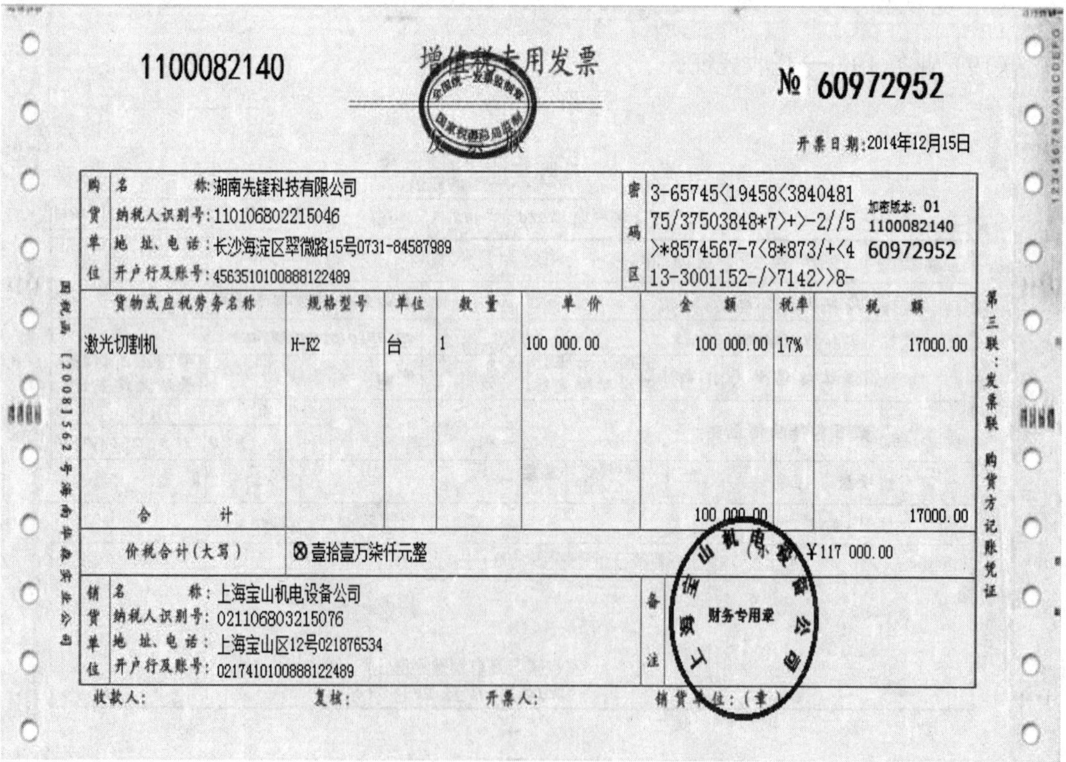
1100082140

增值税专用发票

№ 60972952

开票日期：2014年12月15日

购货单位	名称：湖南先锋科技有限公司 纳税人识别号：110106802215046 地址、电话：长沙海淀区翠微路15号0731-84587989 开户行及账号：4563510100888122489	密码区	3-65745<19458<3840481 75/37503848*7>+>-2//5 >*8574567-7<8*873/+<4 13-3001152-/>7142>>8- 加密版本：01 1100082140 60972952

货物或应税劳务名称	规格型号	单位	数量	单价	金额	税率	税额
激光切割机	H-K2	台	1	100 000.00	100 000.00	17%	17000.00
合计					100 000.00		17000.00
价税合计（大写）	⊗壹拾壹万柒仟元整				（小写）¥117 000.00		

销货单位	名称：上海宝山机电设备公司 纳税人识别号：021106803215076 地址、电话：上海宝山区12号021876534 开户行及账号：0217410100888122489	备注	

收款人： 复核： 开票人： 销货单位：（章）

第三联：发票联 购货方记账凭证

③ 报销单。

差旅费报销单

2014年 12月 21日

所属部门	设备科	姓名	徐平忠	出差天数	自12月 2日至 12月 21日共 20天			
出差事由	采购设备			借旅支费	日期 2014.11.30	金额￥1500	结算金额:￥1000	
出发		到达		起止地点	交通费	住宿费	伙食费	其他
月	日	月	日					
12	2	12	3	长沙——上海	150.00	500.00	200.00	
12	20	12	21	上海——长沙	150.00			
合计				零拾 零万 壹仟 零佰 零拾 零元 零角 零分 ￥1000.00				

总经理:　　财务经理:　　部门经理:　　会计:　　出纳: 李娟　　报销人: 徐平忠

④ 收款收据。

非经营性资金往来统一收据

发票代码 123309742568

发票号码 10275492

付款方:　　　　日期:　　年　月　日

项目	金额
合计人民币（大写）:	￥
备注：未经收款单位盖章及收款人签章无效。	

第三联：记账联

款项结算方式:　　开票:　　收款:　　收款单位（盖章）

（21）业务 21——银行汇票。

中国工商银行
银行汇票（多余款收帐通知）　4　GE 02

付款期限	壹个月

第　号

出票日期（大写）：贰零壹肆年壹拾贰月　零壹日　代理付款行：工行上海宝山支行　行号：7798

收款人：上海宝山机电设备公司　账号：6787665556677209

出票金额：人民币（大写）壹拾贰万元整

实际结算金额：人民币（大写）壹拾壹万柒仟元整

千	百	十	万	千	百	十	元	角	分
		1	2	0	0	0	0	0	0

申请人：湖南先锋科技有限公司　账号或住址：456351010088812248

出票行：工商银行长沙海淀支行　行号：123

备注：购设备

出票行签章

年　月　日

多余金额

千	百	十	万	千	百	十	元	角	分
				3	0	0	0	0	0

左列退回多余金额已收入你账户内。

此联出票行作多余款后交申请人

（22）业务 22。

① 专用发票。

1100082140　增值税专用发票　№ 60972952

此联不作报销、扣税凭证使用

开票日期：2014年12月15日

购货单位	名　　称：上海为民公司 纳税人识别号：021106803215076 地 址、电 话：上海松江路15号021-845837989 开户行及账号：0217410100888122489	密码区：3-65745<19458<3840481 75/37503848*7>+>-2//5 >*8574567-7<8*873/+<4 13-3001152-/>7142>>8- 加密版本：01 1100082140 60972952

货物或应税劳务名称	规格型号	单位	数量	单价	金额	税率	税额
B产品	1-1	台	1	12 000.00	12 000.00	17%	2040.00
合　计					12 000.00		2040.00
价税合计（大写）	⊗ 壹万肆仟零肆拾元整				（小写）¥14040.00		

销货单位	名　　称：湖南先锋科技有限公司 纳税人识别号：110106802215046 地 址、电 话：长沙海淀区翠微路15号0731-84587989 开户行及账号：4563510100888122489	备注：

收款人：　复核：　开票人：　销货单位：（章）

第一联：记账联　销货方记账凭证

国税函[2008]562号湖南华丰实业公司

② 进账单。

ICBC 中国工商银行 进账单（回 单） 1

年 月 日

出票人	全 称		收款人	全 称	
	账 号			账 号	
	开户银行			开户银行	
金额	人民币（大写）			亿 千 百 十 万 千 百 十 元 角 分	
票据种类		票据张数			
票据号码					
	复核 记账			开户银行签章	

此联是开户银行交给持（出）票人的回单

175×85mm GH082413

（23）业务 23——利息回单。

借款利息回单

2014 年 12 月 26 日

付款人	全称	湖南先锋科技有限公司	收款人	全称			
	账号	4563510100888122489		账号			
	开户行	中国工商银行长沙海淀支行		开户行			
			利率		利息	500.00	

付、收款通知书

（24）业务 24——收据。

非经营性资金往来统一收据

发票代码 123309742568

发票号码 10275492

付款方： 日期： 年 月 日

项 目	金 额
合计人民币（大 写）:	¥
备注：未经收款单位盖章及收款人签章无效。	

第三联：记账联

款项结算方式： 开票： 收款： 收款单位（盖章）

（25）业务 25——工资汇总表。

2014 年 12 月份工资分配汇总表

编制日期：2014 年 12 月 31 日　　　　单位：元

项　目	金　额
生产车间工人	6150.00
生产车间管理	1900.00
管理人员	1800.00
合　计	9850.00

复核：　　　　制单：陈春

（26）业务 26——支票。

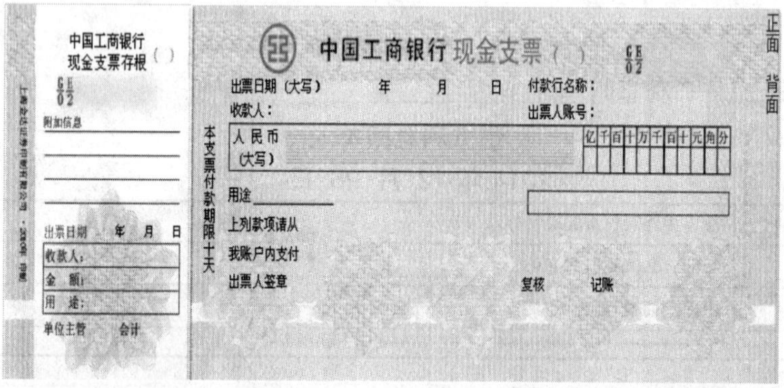
中国工商银行
现金支票存根（ ）
附加信息
出票日期　年　月　日
收款人：
金　额：
用　途：
单位主管　会计

中国工商银行 现金支票（ ）
出票日期（大写）　年　月　日　付款行名称：
收款人：　出票人账号：
本支票付款期限十天
人民币（大写）　亿 千 百 十 万 千 百 十 元 角 分
用途
上列款项请从
我账户内支付
出票人签章　复核　记账
正面　背面

（27）业务 27——进账单。

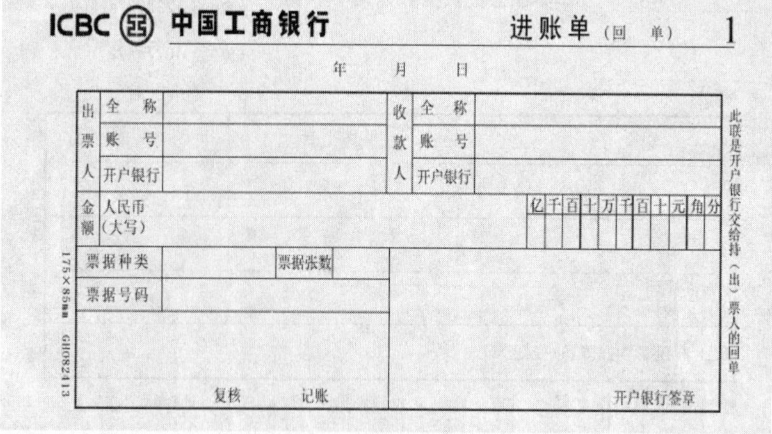
ICBC 中国工商银行　进账单（回　单）　1

年　月　日

出票人	全　称		收款人	全　称	
	账　号			账　号	
	开户银行			开户银行	
金额	人民币（大写）			亿 千 百 十 万 千 百 十 元 角 分	
票据种类		票据张数			
票据号码					
复核　记账				开户银行签章	

175×85mm　GH082413

此联是开户银行交给持（出）票人的回单

（28）业务 28——现金盘点表。

库存现金盘点表

年　月　日　　　　编号 *0602*

账存金额	实存金额	盘盈	盘亏	备注

监盘人（签章）：　　　　盘点人（签章）：

4. 银行对账单

中国工商银行对账单

单位名称:湖南先锋科技有限公司　　账号:456351010088812248９　　2014年 12月 30日

2014年		凭证号	摘要	结算凭证		借方	贷方	余额
月	日			种类	号码			
12	1		余额					455 370.39
	1		提现金	支票		2000.00		453 370.39
	1		付销货款	电汇		50 000.00		4033 370.39
	1		付货款	汇票		120 000.00		283 370.39
	2		收货款	进账单			5000.00	288 370.39
	4		付安装费	支票		5000.00		283 370.39
	7		提现金	支票		21220.00		262 150.39
	10		收货款	进账单			1500.00	263 650.39
	12		税款	支票		35120.00		228 530.39
	15		付货款	电汇		40 000.00		188 530.39
	15		手续费	付款通知		120.00		188 410.39
	15		收货款	进账单			10 000.00	198 410.39
	19		付货款	委托		58500.00		139 910.39
	20		电费	委托		4680.00		135 230.39
	21		保险费	支票		10000.00		125 230.39
	22		收货款	委托			23600.00	148 830.39
	25		收余款	汇票			3000.00	151 830.39
	26		收货款	进账单			14040.00	165 870.39
	26		利息	收账通知			500.00	166 370.39
	30		收货款	电汇			100 000.00	266 370.39
			本月合计					266 370.39

银行存款余额调节表

开户银行:　　　　　　　　账号:　　　　　　　　　　　　年　月　日止

摘要	凭证号	金额											摘要	凭证号	金额										
		亿	千	百	十	万	千	百	十	元	角	分			亿	千	百	十	万	千	百	十	元	角	分
《银行存款日记账》余额													《银行对账单》余额												
加:银行已收,企业未收;													加:企业已收,银行未收;												
1													1												
2													2												
3													3												
4													4												
5													5												
6													6												
7													7												
减:银行已付,企业未付;													减:企业已付,银行未付;												
1													1												
2													2												
3													3												
4													4												
5													5												
6													6												
7													7												
8													8												
9													9												
10													10												
11													11												
12													12												
调节后余额													调节后余额												

财会主管:　　　　　　　　　　　　制表: